与最聪明的人共同进化

新

CHEERS

HERE COMES EVERYBODY

指挥大师的
领导课

THE
IGNORANT MAESTRO

［以］伊泰·塔尔格玛（Itay Talgam）著

阙 艺 译

浙江教育出版社·杭州

为什么要向指挥大师学习领导力

指挥台——我那管弦乐团指挥的"小小办公室",这原本是个只能容下一个人的"小隔间",但是今天,我想邀请你和我一起,站在这个开放的小方台上,来学习和探讨音乐中的领导之道。

指挥台上的每一件事,都是领导者
要面对的最普遍、最紧迫的问题

别担心,就算绝对音准在你的个人简历上不是强项,你也不太清楚双簧管和英国管之间的区别,甚至不知道滑音(glissando)和节奏自由(rubato)是什么,也都无须烦恼。不过,你将从中获得一个独特的优势：**实际上，理解音乐的建构是领导力的重要隐喻，因为它通过提高团队的成绩而拓展了个人的机会。**事实上，在指挥台上发生的每一件事，都揭示了领导者要面对的最普遍、最紧迫的问题，在与莫扎特或斯特拉文斯基毫无关系的背景下提供解决问题的最佳方法。

20 年来，除了担当一名管弦乐团的专业指挥之外，我还担任其他商业和重要活动的"指挥"。我常常利用在指挥台上获得的经验，为那些对我来说几乎一无所知的领域的企业领导者提供建议，他们从全球政治人物到创业家，从科研人员到反恐部队成员，从广告公司到扶贫机构，从《财富》杂志百强企业 CEO 到家长和他们的孩子们。这 20 年来的教义和知识正是《指挥大师的领导课》一书的核心。

从指挥大师的视角重新思考领导力

我的从业经验会帮助各位用一种从未有过的视角去思考领导力的含义，在那里，你将从音乐的角度开始"倾听"周围的世界，包括人和工作，在流动的旋律中找出与之对应的模式。新奇的观点总是给人一种不太真实甚至天方夜谭的感觉，这本书的观点就是选择

"无知"。但实际上，在你的工作环境中，选择无知似乎是一种糟糕的品质，它会影响你升职加薪，甚至有可能导致你被老板炒鱿鱼。别着急，紧紧跟随我，你很快就会明白，为什么历史上伟大的领导者不仅能够拥抱无知，而且更坚信这是企业成功的重要核心，甚至能够帮助下属和团队达到从未企及的高度。

实际上，随着讨论逐渐深入，你的思考需要更加灵活和变通。有时，我们的小指挥台会变得更加拥挤，因为有几位最伟大的指挥家将加入我们，比如我的导师——传奇指挥家伦纳德·伯恩斯坦（Leonard Bernstein）。

不管伟大与否，所有指挥家都有一个共同点：我们都使用同样的音乐道具——一根指挥棒，不发出任何声音，也不需要昂贵的手提箱，然而，这根看似无声的木制小棒却在一些人手中异常有力。有句古话说：

　　　如果你盯着 0 看，就只会看到 0；如果你透过 0 看，就能看到无限。

这句话讲的是见识短浅之人只能看到一方四角天，而只要跳脱藩篱，就可以拥抱广袤无垠的天空。指挥棒就是"0"，尽管指挥家在台上尽情优雅地挥舞着它，但它对管弦乐团来说却丝毫没有意义。

只有当指挥家能够利用指挥棒，让乐团成员看到"挥舞"背后的意义，体会到整部音乐作品中的艺术意蕴和人文精神的时候，指挥家才能触及指挥艺术的本质。事实上，这正是领导艺术的精髓所在。这对身处音乐厅之外，所有从事商业和其他高风险企业的人来说，都是至关重要的。

在接下来的几章里，请你跟随我和近百年来的 6 位伟大指挥家，共同见证这种领导艺术的奇迹，我们将认识到什么样的差距会成为创造能量和新发现的来源，同样，我们也会将自己从高高在上的演讲者转变为谦卑的倾听者，用倾听创造变化，并让美好的事情发生。

我们将在一些从来没有把"音乐"这个词放进企业宣言的组织中做这件事，比如高盛集团（Goldman Sachs）、默克制药（Merck&Co.）、卡夫食品（Karft Food），甚至是美军叙利亚边境司令部，这些组织代表了各行各业的人，他们都在理解伟大指挥家的领导力方面找到了灵感。在那里，我见证了他们从着迷转化为顿悟的过程。

记住，你不需要成为古典音乐的爱好者就能理解指挥家的领导艺术，因为音乐无处不在，你每时每刻都在经历它，只是很可能不会从音乐的角度去解释生活中的现象，但这种情况即将改变！

打造属于自己的领导力风格

我们都是音乐生物，每天都沉浸在各种各样的声音里。我指的并不是听那些简单重复的轻音乐、电台音乐或是 iTunes 曲目库中收集的歌曲，而是感知周围的声音的一种过程，也就是做事的方法。如果想成为更好的领导者，这些声音是你首先要学会辨识的。

打个比方，想象你乘坐通勤列车去上班，途中不可避免的是火车在轨道上持续重复的声音。这种有节奏的、有规律的声音，预示着你离目的地越来越近而且让你产生平静又幸福的感觉，尽管你可能并没有意识到这种感觉从何而来。

再想象一下，你下了火车后乘坐出租车，这时的音乐元素则"潜伏"在出租车的突然启动和刹车、司机的慌忙变道、司机对其他司机的尖叫等声音中。这些元素都属于嘈杂无序的噪音，所以你的神经系统才会提示：它使你变得焦躁不安。相反地，如果你幸运地能够骑着单车去上班，就会成为另一种音乐的一部分——更安静也更舒缓，在你身体运动的幅度和移动的速度之间有一种自然的和谐感，与光影及物体在地面的投射相得益彰。这样韵谐的"乐章"也会调剂你的生活。

当你终于抵达公司开始工作的时候，周围的音乐又会是什么样的呢？四处走一走，听一听，接着问问自己，这个节奏是从哪里来的？也就是说，如果你想知道公司今天会是什么样子，你会先去哪里收集关键信息呢？是邮件收发室、产品研发部还是人事部？有没有一个人像指挥一样，每个人都朝向他？这个人或许是公司的CEO，或许是管理层之下的某个人。这样的韵律是给予你更多的力量，还是让你感到无助呢？你是否被嘈杂的声音所干扰，被某些人的声音分散了注意力？如果你想集中精力专心工作，就必须戴上耳机，把自己关在办公室里，隔绝外面嘈杂的环境吗？还是你想加入"合唱团"，与部门同事为一个项目共同努力，一起庆祝？还有，参加会议时，你听见的是"情歌二重唱"还是悲剧中主角殉情的场景？再者，想象职场是一部交响曲，你觉得自己适合哪个乐部？在音乐进行过程中，观众能听到你吗？你是否有机会在主领位置上演奏优美的主旋律，或者唱着老掉牙的伴奏和音？听众对你的音乐是如何感知的？邻居们抱怨了吗？你的听众满意吗？最重要的是，所有的这一切都变得不同了吗？

再请你想象这样一个场景：周一的清晨，你坐在办公桌前，新一周伊始，所有的事情都看起来按部就班、井井有条，只是头上的灯发出的光有些闪烁不定。虽然这会分散你的注意力，但你还记得要帮客户找到一份重要的资料。然后，当你打开抽屉取文件的时候，却不敢相信眼前出现的一幕。

电脑不见了，办公桌消失了，书架和文件柜也消失得无影无踪。事实上，整间办公室都不存在了。本应该放在你面前的"资深投资经理"桌牌居然被换成了一个乐谱架。架子上的文件并不是季度财报，而是莫扎特《G 大调弦乐小夜曲》（*Eine Kleine Nachtmusik*）的分谱。接着，你听见周围的人在调音，你突然意识到自己居然莫名其妙地坐在交响乐团第二小提琴声部的后排，手里还拿着一把小提琴，排练马上要开始了，你百思不得其解，这怎么可能呢？

但很快，你的困惑就变成了喜悦。毕竟，你一直都很喜欢音乐，尽管从来没有学过小提琴，但现在，你能够像真正的专业乐手一样行云流水般地演奏小提琴。此时你的同事们还在办公室里调试数据，安抚过度紧张的投资人，抱怨没有升职加薪、实现自我价值的机会。瞧，你的运气多好！你是不是在想，要是会计部那个讨厌的施瓦兹（Schwartz）此刻能看到这一幕就好了。

但是等一下，那个坐在第一小提琴声部，更靠近指挥的乐手不就是会计部的施瓦兹吗？施瓦兹？这怎么可能呢？无论如何，现在不是想这些的时候，指挥示意音乐开始，你拼命地拉着小提琴，发誓要比那个会计部的废人拉得更好。他们难道看不出他在滥竽充数吗？你相信，这样下去指挥肯定会注意到你出色的演奏，事实上，他的确在"看"着你。

此刻，指挥正低头瞪着你，用严厉的口气问："你在做什么？你应该和大家一起配合，而不是独自出彩。我要的是整个第二小提琴部听起来像一把琴在演奏，而不是16个想出风头的极端利己主义者！"当然，听完指挥的斥责，你的内心是崩溃的，你望了望不远处的施瓦兹，他在偷笑！

又练了一会儿，乐团便在后台休息，你发现新同事们丝毫不在意刚刚发生的事情。与其他管弦乐手相比，小提琴手们正忙着抱怨他们的工作有多辛苦。一位小提琴乐手抱怨道："好多音符要拉啊！"另一位乐手听到后阴阳怪气地说："咱们乐团敲三角铁的那位，每半个小时'叮'敲一下就完事儿了，他领的钱居然比我们拉小提琴的还多，不愧是'独奏家'啊！"你无意中又听到木管组的单簧管乐手和双簧管乐手在交谈，单簧管乐手说："弦乐组的人真是够了，每天4个小时的排练就没有不走音的，要再这么下去，我宝贵的音准就被他们给弄没了。"双簧管乐手点头表示赞同，接着说："我的耳朵已经屏蔽他们好久了。"然后，铜管组的小号手也加入了他们的谈话，抱怨道："我们到底还要忍这个白痴指挥多久？唯一能让整个乐团配合完美的方法就是彻底忽略他……"

突然，结束休息的铃声响起，原来是你办公桌上的电话在响铃。原本放在面前的乐谱架和弦乐小夜曲的乐谱都消失了，你的那台旧电脑的屏幕随之亮了，上面显示着最新的盈亏数据，施瓦兹这个马屁精仍旧在离老板最近的办公室里坐着。简而言之，你重新回到之前的混乱状态中了，这时你不禁在想，难道每个"小社会"的场景都是如此吗？从投资银行到科研机构，再到交响乐团，难道所有组织的宗旨都是对情况恶化的追求吗？

然而，你内心的声音却在反抗这种悲观的情绪，人们认为可以从工作中收获快乐和满足，但这是不可能的，对吗？每天清晨，当你亲吻你的爱人，和孩子道别并准备离开家的时候，你的心思都留在家庭里了吗？或者你的工作可以是一种精神寄托，被用来传达你的生活理念吗？当然可以，你向自己保证。答案犹如那位薪酬过高的三角铁乐手敲出的声音那样清晰，它既不在辉煌的盈亏报告上，也不在莫扎特的伟大作品里，而是在我们生活中的音乐里，在我们每天与周围人共同创作和感受的音乐里。

假设你现在有一个机会，可以按照自己的想法随心所欲地改变职场中的隐喻性音乐，来重新规划一个团队架构。换句话说，你现在要带领大家攀登新的高峰，于是你需要制定新的节奏来确保此架构的稳固。如果有需要，你也可以把音乐表述灌输进每个人的表达空间里，并确定团队中所有成员的平等互让。你可以创造可预测性并力求让人惊喜。总而言之，这就是你的使命：你是这个组织的设计师、词曲创作者兼工作流程的协调者。

此刻，你的第一个冲动可能是想放上一曲自己喜欢的音乐——当然，这很好。但是等一下，它真的合适吗？毕竟，大家不是来一起放松的，完成每天的工作才是你需要考虑的事情。

有时候，音乐能对你和你身边的人产生预期的影响，比如调动你的激情，使你充满动力，让你更容易与他人合作、相处等。这又是什么力量呢？什么样的音乐能激励人心、缓和人际关系、激发变革和创新、使大家同侪携手共创奇迹？如果你是最优秀的领导者，你会想到什么样的音乐能让组织里的每个人都产生共鸣呢？

美国国歌，美国军乐作曲家约翰·菲利普·苏萨（John Philip Sousa）的《星条旗永不落》（*The Stars and Stripes Forever*，又名《星条旗进行曲》）比较适合吧？没错！行军曲能让所有人跟着鼓点和铿锵的节奏前进，是篇振奋人心、激励人们勇往直前的乐章，组织里的人们别无选择，他们只能紧随队伍，与大多数人保持完美的一致，沿着一条笔直的道路前进。此时，你看见客户正站在路旁，摇着印有公司 logo 的小旗为你们呐喊。但是等一下，如果你突然想停下来思考片刻，行吗？不可以！因为行军的大鼓永远不会停止。如果行军的大鼓把队伍带错了方向怎么办？就像电影《动物屋》（*Animal House*）里的情节那样，一列一列的盲目追随者撞上了一堵砖墙。那该怎么办？所以行军曲并不合适，因为它不够灵活。或许还有另一种更微妙的隐喻的解决办法，试试天堂之音怎么样？

　　当你坐在大教堂里时，阳光透过高处的彩绘玻璃洒落下来，视线所到的每一处都是那么美丽庄严。唱诗班完美地和声，吟唱着古老的教堂音乐，唱诗班指挥的肢体语言极富表现力，似乎要把他们都带去天堂。天呐，你想，如果销售部和市场部也能如此就好了。你听到有一个低沉的声音在支撑整个和声，此时你想到：啊，这是可靠的 IT 部。所以，你在脑海里描述了一个理想的工作场所，但你忽然意识到，在过去的一个小时里，你失去了所有的时间感和与外界的联系，在如此和谐梦幻的空间里，就算历经几百年，甚至外面的世界早已混沌，天堂之音却永恒不变。但是，如果你希望有更多的创新和与社会的联结，这样的音乐就太危险了，因为它与瞬息万变的社会环境格格不入。当然，你希望看到团队和谐相处，但企业中的人才流动性大，并非每个人都适应企业的的规则和文化，人力资源部也没有足够的时间去培训所有新员工，因此，和谐共生的幻影破灭了。你需要另一种解决办法，轻快一点的音乐怎么样？比如美国南部的爵士乐？

现在，你把公司变成了美国新奥尔良的爵士典藏音乐厅（Preservation Hall），此刻正在演奏爵士名曲《圣人降临》（*When The Saints Go Marching In*），每个人的脸上都挂着笑容，并按照自己的风格即兴演奏，他们在以某种方式一起工作，神奇的是，这些音乐听起来相当合拍。你自然而然地跟着旋律打起节拍、摆动身体。听众们都熟悉这个曲调，所以，即便是即兴表演也依然听上去有板有眼。谁不愿意把音乐、工作与生活和谐地交织在一起，就像迪克西兰爵士乐队（Dixieland Jazz Band）那样轻松随性呢？但麻烦的是，演奏一次又一次地回到了相同的主旋律，尽管爵士乐听起来很有趣且有它的创新性，但总难避免不断地重复。而且，虽然结尾都是欢快的，但仅此而已，没有机会转变成其他的结尾，或者融入不同的情感。随着时间的推移，听众们逐渐厌倦，最终难以再被这类音乐所打动。因为爵士乐的架构始终没有改变，因此，其创新也就流于表面了。好吧，或许你还不够大胆，只愿意待在自己的文化舒适区里。或许我们应该离开音乐的起源之地，登上"东方快车"一路向东？

中东音乐通常都有明显的主旋律，乐团的每个人似乎都在演奏或者唱着同样的旋律，但是，当你靠近他们侧耳倾听的时候，你会听见意想不到的音乐——每一位音乐家演奏的旋律都不尽相同。你打开一间办公室的门，就能听到里面的那个家伙在做什么。他正在演奏轻微的颤音点缀着旋律，使音乐听起来更加丰富。而另一间办公室里的女士唱着更高的音调，嗓音更细。虽然听起来是同一种旋律，但是每个人各有细微的变化，感觉既和谐又能展现个人创意，这不就是你心目中办公室的理想氛围吗？客户听到的是清晰的旋律，而不是嘈杂的噪音，而且仍然可以找到适合个人品位的细微变化。不过，这样的音乐也有它的局限性。

比如，当你到一家银行申请贷款时，经理不肯贷款给你，因此你找到这家银行的另一位信贷员，她看着同样的资料，却说可以贷款给你。同一家银行怎么会有不同的答案呢？因为这家银行的规则就像中东音乐一样，不用太精准，各有各的尺度。

中东音乐有太多音符，介于全音与微分音之间，创造出美丽而无限的微分变化，他们会说"可以""不可以"或者"都可以"。模棱两可的标准创造出伟大的时刻，但是当它作为一个远程指挥系统的时候却也令人沮丧。一致性在哪里？可靠性又从何谈起？所以显然，这种音乐对你的业务来说存在局限性。我们是不是应该尝试另一种体裁呢？还记得你上一次听交响乐吗？这是"经典的解决方案"吗？

贝多芬的交响曲有着恢弘的格局，让想法不断延展探索，创造出一种永恒感和力量感，这种音乐无法在任何时候让人翩翩起舞，却经常需要理性地分析。在漫长的交响曲创作过程中，如何把这种想法结合在一起是必备的功力。交响乐需要管弦乐团各声部的密切合作，打击乐、管乐和弦乐之间的差异巨大，却也知此知彼相得益彰。所以，人们期望看到的，是所有乐手彼此协作。你的企业将在四年后取得惊人的成绩，你得到的回报完全符合你的预期，唯一的问题是，整个行业可能会在几个月内发生巨变。

想想八轨录音带（eight-track tapes）吧，它很棒，却早已被淘汰；想想柯达胶卷，如今已难觅踪迹；想想打字机，多少伟大的文学作品由它呈现，如今也被取代。即使用尽心思、绞尽脑汁，你的反应速度可能仍然不够敏捷。你或许为汽车工业打造出了一个伟大的概念，可是油价却在四年之内大幅上涨，那么你的想法也就不再重要了。

如果这份工作需要长期的关注，就注定会产生长期的问题，遗憾的是，交响乐也称不上是完美的解决方案，至少不是对每个人都完美。

世界上有没有一种万全的解决方案，适合各个组织的各个发展阶段呢？很遗憾，答案是否定的。**即使企业找到了解决自身问题的**

完美方案，也必须紧随时代前进的步伐，随时调整或改变策略。身**为领导者，我们必须学会灵活调整乐曲风格，从一种音乐形式转变成另一种音乐形式，带领整个组织共同进化。**我们可能需要学会如何组合不同的模式和音乐形式，创造出全新且至关重要的成果。但是，领导者如何才能跳出自己的舒适区，在瞬息万变的世界里变得更有影响力呢？

我在本书中提出的"自我探索"（self-exploration）并不容易做到，它需要充分的关注和开放的态度，这对于许多当权者来说并非顺理成章，而是既陌生又困难的。但是，我希望你能把音乐看成是领导力的一种艺术形式，甚至是吸引人的隐喻，同时，也是一种观察与讨论组织问题的视角和语言。而且，希望你愿意为自己领导风格的 iTunes 音乐库收集音乐，并从中找到符合自己需求和个性的领导风格，打造属于你的独一无二的领导力。

The Ignorant
Maestro
目录

第一部分

领导力三要素 / 001

身为领导者，当你愿意放弃已知的知识，接受无知时，将是你迈向新领导方式的关键转折点。为了能够实现这一飞跃，你必须对自己坚持不懈地探索差距、培养聆听能力的领导特质充满自信。

1 刻意无知，领导者获得新知的有效方式 / 005

我们希望领导者在自己的专业领域中是学识广博的，甚至在其他领域也颇有建树。他不需要忘记已有的知识，只需要在开始探索新知的时候，让自己跳出原有的知识框架，选择刻意无知，不知道答案，甚至不去尝试预测答案。

4 不容置疑的独裁型领导者:里卡尔多·穆蒂 /079

穆蒂作为"一台控制机器"是非常强大的。他就像一台全景摄像机或一间安装了单向玻璃的办公室,无时无刻不在监视着你。他的身体站得很稳,手臂强有力的动作似乎和身体无关,他直挺着头,稳定地俯瞰着乐手,不错失任何细节,强有力的手势通常有一定程度的重复,仿佛不想让乐手产生任何误解。

5 恩威并施的家庭型领导者:阿图罗·托斯卡尼尼 / 101

看他在演奏时的表情就能感受到他的紧张和防御心理,他甚至面带担忧,他相信乐手却又担心他们,就像慈父看着自己的孩子做着复杂,甚至略带危险的工作一般。当乐手成功时,你可以感受到他的自豪,几乎让人忽略了他还有个"超我"等着处罚那些越界的人。

6 照本宣科的规则型领导者：理查德·施特劳斯 /119

照谱演奏，不许有自己的诠释，只能执行。身为指挥家，他只要监督已完成作品的"再创作"。他小心地以先验主义否认差距的存在，才能让这一切发生，乐谱和演奏一开始就不可能有差距，因为他不接受任何个性化的诠释。

7 模糊的精神型领导者：赫伯特·卡拉扬 /139

卡拉扬从来不会清楚地挥出节拍，他希望乐手能凭直觉知道他的每一个想法。在他的世界里，真正的音乐只存在于他的大脑中，外在的一切，包括乐团和他们演奏的音乐在内，只是他内在音乐的外在展现，整个世界由他的意志所掌控。

8 充分赋权的过程型领导者：卡洛斯·克莱伯 /161

有时候他会完全停住指挥的动作，只是站着倾听；有时他清楚地表示想要的效果，但是没有详细的手势指令。不过，乐手们不会感觉身处云山雾罩之中，因为这些差距在他们逐渐理解和分享的过程中被打开了。在这个过程的引导下，他们能够实时创造出自己的诠释。

9 终极典范的意义型领导者：伦纳德·伯恩斯坦 / 183

在演出进行到一半时，伯恩斯坦虽然放下指挥棒，但是却没有停止指挥。更棒的是，他持续以丰富的表情和乐团对话，并且因为交流而喜悦。他跳出"音乐即流程"的强大力量束缚，追寻着音乐的真实意义，把追寻当成让个人和乐团成长与获得解放的动力。

身为领导者，如何像指挥大师那样去"领导"？

扫码获取"湛庐阅读"App，
搜索"指挥大师的领导课"，
观看作者伊泰·塔尔格玛的 TED 演讲。

The Ignorant
Maestro

领导力三要素

How Great
Leaders Inspire
Unpredictable Brilliance

身为领导者，当你愿意放弃已知的知识，接受无知时，将是你迈向新领导方式的关键转折点。为了能够实现这一飞跃，你必须对自己坚持不懈地探索差距、培养聆听能力的领导特质充满自信。

Ignorance, Gaps,and Keynote Listening:

Three "Negatives"with the Most Positive Outcomes

无知、差距和基调倾听：

能带来最积极的结果的三种"消极"

细数自己的学识、技能和经验，也就是你在简历中列出的履历清单，其实那只是你自身价值体现的一半，它是不可或缺的一半，也是必须拼命工作才能获得的一半。然而，另一半也同样重要，只不过你从来不会把它写在简历上。

你或许可以这样写："我要为这个团队贡献知识。"但你从来不会写："我将为团队带来'无知'，不遗余力地鼓励团队成员超越我的学识，帮助他们提升到一个更高的视角上。"

你或许会写："我擅长把众人团结在一起，整合工作流程。"但是你从来不会写："我善于找出组织中的'差距'并将之曝光，这样，我们每个人都能从中获益。"

你或许会写："我擅长和其他人沟通自己的想法，让他们清楚地了解我的决定。"但你从来不会写："比起下指令，我更喜欢'倾听'团队成员的意见。正是我海纳百川的包容态度，才使团队取得成功。"

你也许已经发现，上述三个要素都是相互关联的，它们都有着令人充满活力的探索空间。

- ● "无知"是探索新空间的意愿。
- ● "差距"潜藏着尚待开发的领域。
- ● "倾听"可以改变观点和意图，提供让其他人在对话中充分表达自我的空间。

当你愿意放弃已知的知识，接受无知时，将是你迈向新领导方式的关键转折点。为了能够实现这一飞跃，你必须对自己坚持不懈地探索差距、培养倾听能力的领导特质充满自信。

The Ignorant
Maestro

1 刻意无知，领导者获得
新知的有效方式

一个无知之人可以教会另一个无知之人他自
己也不懂的知识。

19 世纪法国教育家，
约瑟夫·雅克多（Joseph Jacotot）

我们希望领导者在自己的专业领域中是学识广博的，甚至在其他领域也颇有建树。他不需要忘记已有的知识，只需要在开始探索新知的时候，让自己跳出原有的知识框架，选择刻意无知，不知道答案，甚至不去尝试预测答案。

对我来说，"无知"这个词逐渐具有了全新且充满希望的含义，这一过程大约从20年前开始。我对它有了一种理解：创造全新的、意料之外的知识，是通过结合已知的知识和意志来实现的，最终，有意识地决定无知，不知道答案，甚至不去尝试预测答案。接下来谈及的往事，阐释了我是如何想到这个观点的。你会注意到，在我学习如何欣赏自己的无知时，"差距"扮演了至关重要的角色。

什么是刻意无知

1996年的夏天，我在以色列特拉维夫的海滩上和我的两个儿子一起堆沙屋。那时，我觉得学校的暑期似乎永远会持续下去，欣欣向荣的文化季依然很遥远，然而，轻松的夏日时光却被一通特别的电话打断了。

　　我的朋友尤瓦尔·本·奥泽（Yuval Ben-Ozer）———一位知名合唱团指挥，打电话告诉我，国家银行人力资源部主管邀请他为银行的高级经理们讲讲古典音乐。尤瓦尔觉得很奇怪，因为人力资源部主管还特别提到，这些高级经理对古典音乐一点兴趣都没有。尤瓦尔问她："为什么要强迫他们听我讲课呢？"她的回答是，让这些经理接受一些文化艺术的熏陶或许有所帮助，尽管她也不太确定是出于什么原因。

　　尤瓦尔邀请我和他一起演讲，我很荣幸。可是，我们要如何为这群特别的听众创造出实际价值呢？我不禁想到，像我们一样的音乐家和大银行家之间令人瞠舌的巨大差距。我想象着自己骑着那辆生锈的自行车到会场去演讲，而银行家们的奔驰 S 500 却已停满了整座停车场，对我来说，这是一种充满威胁的差距。接着，我想到另一种差距，我承认，现在回想起来，这并没有让我觉得骄傲。我隐约地意识到自己的文化优越感，仿佛我知道，无论这些金融界的魔术师在自己狭隘的物质游戏中多么高明，但在艺术方面都永远比不上我这个艺术家。我紧抓这点优势来弥补自己对金融业的可悲的无知。

　　可是，我因为不了解他们的工作性质而倍感迷惘。我无法想象要为数十亿美元的投资负起责任是一种什么样的体验？为了帮助大型企业缩编而使数千名员工顿失生计、陷入不安

之中又是一种什么感受？我思考着自己该如何在他们的世界
里找到立足点：我是否应该研究一下银行体系？是否应该改
变我对资本主义的政治立场与道德立场？最后，也是最重要
的困惑是，既然他们对音乐毫无兴趣，我又能教他们什么呢？
他们的年纪比我大，在人员管理方面也比我有经验——这家
银行拥有数以万计的员工，让我那只有76名团员的特拉维夫
交响乐团相形见绌。那么，我还能为他们提供哪些他们不知
道的宝贵建议呢？

我并没有答案，不过我可以分享自己对音乐的热情，而
且至少在这一点上我是有优势的，毕竟，古典音乐一直被公
认为一门高雅且值得尊敬的学问。或许指挥大师（虽然我从
不认为自己与这个头衔相匹配）的特殊光环可以让他们对我
的好奇心和注意力维持几分钟，不过也仅此而已，我必须"勾
住"这些高级经理，紧紧抓住他们的注意力。

我决定这样去做：不是告诉这些高级经理们怎么做，而
是展示给他们看。与其担心自己和他们在对方领域内的无知、
金融家和艺术家之间错综复杂的关系，以及两个行业之间的
差距，不如把美好的事物直接展现在他们面前。我只需倾听
他们的讨论，或许就能产生丰硕的结果，而且这个美好事物
必须是让我满怀热情的，无须解释就能使人感同身受的，没错，
是指挥！从指挥家身上能够清晰地展现出领导者和管理者的

影响力，这些高级经理们要做的只是观察。

我打开自己的视频资料库，寻找那些在我脑海中留下深刻印象的非凡瞬间，其中蕴藏着引领和指挥的本质和精髓。我花了几个小时的时间，在演出视频中精心筛选出六位伟大指挥家的短片，把它们播放给尤瓦尔看，我们试着不从音乐的角度，而是从领导者的角度来解读这些指挥家的指挥方式。他们是什么类型的领导者？我们可以从他们身上学到些什么呢？当我们决定采用这种演讲方式时，顿时觉得自己已经准备好了。

会议室里大约坐着 30 个人，椅子排成紧密的半圆形，就像是一支小型的管弦乐团。人力资源部的主管是这样介绍我们的：

> 这两位嘉宾来自另一个世界，他们的知识是用另一种语言编码的，不过我知道，他们准备了一些东西可以展示给我们，这会对我们有所助益。

然后，我们的演讲就开始了。我说：

> 还记得你上一次走进音乐厅，在音乐会开始前的几分钟，你在就坐时是什么感觉吗？你看着台上的乐手，他们正在自己的乐器上反复演奏着一些音

乐，似乎与周围嘈杂的环境没有任何关系，他们完全不在乎旁边的乐手在演奏什么，这就产生了一团混乱的声音。

既然大多数人都曾在音乐厅听过现场演奏，那么唤起类似的回忆并不难。接下来，我继续问道："那么，在工作中有没有出现过这么混乱的场景呢？""一直都这样！"从银行家人群中传来一个调侃又无奈的声音。我说：

接下来舞台上会发生什么呢？ 他们在试音，一位乐手会站起来弹奏一个标准音，然后每个人都会以同样的方式演奏这个音。办公室也有类似的情况吗？

"噢，当然，我们有太多规则需要遵守了，可是我不确定大家都能做到……"有人回答。

乐团和企业的共同点基于，在管弦乐团中演奏是具有双重特质的。一方面，你作为一名独立音乐家，暖场时不必理会舞台上的其他人，因为在这个十分透明的组织里，乐手要为自己的演奏承担全部责任，你希望有很好的表现。另一方面，乐手也必须在一段时间内无条件遵守乐团的特定标准。因此，在独奏和合奏的需求之间保持着既紧张又微妙的平衡——这与企业既想鼓励员工追求卓越的个人表现，又希望他们和谐共处所面对的是同样的挑战。

当我提到"指挥家所面临的一个严峻的挑战是需要协调数十位相当自我且敏感多思的艺术家"时，我在这些银行家的脸上看到了好奇，还听到一些有趣的对话。比如有人说："原来他们也会面对自我的问题。"

这下我可以放心了，显然，我们之间的差距仍然存在，但是这些差距再也无法定义我们。当我们对人类行为有了更深层次的思考时，一个可供分享的观察框架就产生了，这样我们就可以探索这些差距，每个人都能用独特的语言来描述自己的所见所闻。

首先，我想从广义的音乐中寻找难以企及的"和谐"实例。别小看"和谐"，无论是在小型组织（此时"婚姻"浮现在脑海中）还是大型组织，和谐对我来说并非"涅槃"一般超脱、终极、永恒不变的极乐状态。**在音乐、生活和事业中的和谐，是一种持续的、协调良好的运动，以及所有参与者之间不断演变的关系（尽管有时这种关系并不协调，还是会以更高程度的协议解决），创造出一种成就感与愉悦感。**

所以，我带银行家们一起欣赏维也纳爱乐乐团在新年音乐会上演奏的传统闭幕曲《拉德茨基进行曲》（*The Radetzky*

March ）。他们看到了一位跳着舞的快乐的指挥家，听到了每
一位乐手的出色演奏，还听到了维也纳音乐厅里 2 000 名观众
随着音乐的节奏鼓掌的声音，掌声和谐地融入音乐中，要知
道，这些观众通常是非常保守而矜持的。或许因为掌声太富有
感染力，会议室里的一些人也跟着鼓起掌来，我们在某种意
义上也成为和声的一部分。整个会议室被一种和谐的气氛包
围着，能感受到这一点是因为我们看到每个人的脸上都挂着
微笑。

"你们认为这算是成功吗？"尤瓦尔问道。

"当然，非常成功！"银行家们回应道。

"那么，你们认为这是谁的功劳呢？"

接下来发生的事情出乎我们的意料：每个人都有话想
说。我们听到很多人开始都会这么说："我不是很了解古典音
乐。"然后，他们完全抛开之前说的这句话，开始发表自己对
如何运作整件事情的观察和分析，这样，他们就能找出特定
个体对成功的贡献，其中包括作曲家，甚至还有鼓掌的观众。
我说：

这些人如此了解且迫切希望融入"产品"，想要
成为乐团和音乐演奏的一部分，这难道不是你们想
要达成的客户关系吗？客户知道什么时候需要认真

听取你们专业人士的意见，知道什么时候需要支持你们，跟着你们的节奏"鼓掌"吗？甚至，客户能心存感激，在你们早上进入办公室的时候，站在门口鼓掌迎接你们吗？

他们的脸上再次露出微笑，被认同的需求普世皆然，而且我们所做的一切似乎再次印证了人类的一般需求。我们原本对这些需求了然于心，却不知出于什么原因让我们在成为专家的过程中弱化了自己的渴望，并逐渐将之遗忘，直到被提醒后才再次想起。

当这些高级经理发现他们观察得没错时，我们之间的差距似乎不再像是一道屏障，反而更像是获得新视角的方式。现在，在两个截然不同的学科群体之间，没有等级之分，能够彼此交流意见和想法，这些意见和想法受到所有人的重视，而且，发表的意见和想法远比发言者的身份更重要。

这时，我提议玩一个游戏，模仿一档美国选秀节目《美国偶像》（*American Idol*）的形式，让所有高级经理作为评审员，六位指挥家作为"参赛者"，并欣赏他们一系列的表演。我要求他们在六位"参赛者"中选择一位，不但要愿意与其一起共事，而且得愿意让他成为银行的领导者或高级管理人员。

我的听众事先并不了解这六位"参赛者"，这样的"无知"反而让他们更加不受约束，可以通过自己的所见所闻做出自由联想。起初，我们在一起静静地欣赏短片，但沉默并没有持续太久。不一会儿，会议室里就有掌声也有笑声，还有人说，他们可以把屏幕上的画面与自己在摆满红木家具的办公室中的日常生活联系起来。

还记得投资部的老伯克维兹（Berkowitz）吗？

完全就是这个家伙啊！

你看到他摆出的那副表情了吗？真是让人不寒而栗啊！我看有人要被炒鱿鱼了。

显然，经过讨论之后，必须设置投票环节才能使这些游戏伙伴更投入，毕竟这是一个严肃的游戏。这个游戏提供了一个远离日常工作场景和现实的安全空间，还提供了一个额外的安全保障，这个保障就是他们的选择没有对错之分。因为无论选谁，被选中的人都是伟大的指挥家，所以他们可以大胆探索，并承担失败的风险，而且觉得很有趣。另一方面，他们很清楚游戏的规则，既然愿意参与其中，并发表自己支持或反对这些"参赛者"的观点，就证明这个游戏与他们自身工作的正相关性。

很快，讨论就转向了他们自己：他们的态度、价值观、优先考虑的事情以及好恶的事情。他们仍然在询问和讨论不同的指挥家，有许多显而易见的差异值得被关注和解读，比如跳舞和指挥有什么共通之处？指挥家短促有角度或圆滑的手势会让演奏的音色有什么不同？但是，这些解读与他们在工作中的应用是并行出现的。这两条线有趣地融合在一起，如果有人打断了别人的讲话，就会被警告说："请让我说完，不要像视频里那位独裁者一样控制我！"

这场在特拉维夫进行的演讲的时间比原计划要长，当我们离开时，会议室里依然很热闹，大家以对话、探讨和微笑的方式交流。我们觉得做了一件正确的事，似乎打通了脉络，而我们是用什么工具打通的呢？如果能够找到这个工具，我们就能够复制成功。

直到 15 年之后，我的儿子伊姆利（Imri）——一位对哲学有着浓厚兴趣的钢琴演奏家给我介绍了一篇文章，直到那时，我的疑问才最终获得解答，它为我开启了新的职业生涯。

事实证明，我正在履行一个"无知的教师"所扮演的角色，它令人得到极大的满足，我却自始至终没有意识到这一点。请允许我解释一下。

当代法国哲学家雅克·朗西埃（Jacques Rancière）在《无

知的教师》(*The Ignorant Schoolmaster*)中提到一个理论，它来自 19 世纪法国教授约瑟夫·雅克多具有独创性的观点：

> 一个无知之人可以教会另一个无知之人他自己
> 也不懂的知识。

我发现对我来说，这句话只需读两遍，就会发现它能带来一种难以置信的感觉，其中掺杂着惊奇和喜悦。这可能吗？如果是这样的话，这个过程就像发明永动机一样神奇。我们每个人都能成为其他人的老师，可以教会他们做任何事情！在"普通"教学中，老师希望清楚地了解自己的教学内容，但是很明显，我们知道的每一件事都包含如此多的无知！因此，这是一种获得无限新知识的方式。

可是，要如何做到无知呢？目不识丁的人要怎么教孩子读书呢？在这里，我们需要理解的是，**"无知"不能等同于"愚蠢"**。更重要的是，雅克多思想的基础是"智力平等"的主张，这意味着，即便是目不识丁的农夫，既然他能对"如何以最好的方式种植农作物"无所不知，那么，他的智力水平就相当于优秀的律师或优秀的科学家。不仅他们的智力是平等的，而且，如果一个人能够精通一门学科，就意味着他也可以精通另一门学科。从某种意义上来说，只要能够明白这个道理，就证明你有能力学习其他知识。雅克多甚至认为，如果你能

够很好地完成母语习得就足以佐证这一点。所以，教师所展
现的"无知"只是出现在他教授课业的特定情境中，除此之
外，一名优秀的教师即使拥有"相关"的知识，也应该知道
如何跳出知识的框架：不把自己的知识教给学生。

那么，教师要做什么呢？如何成为一位出色的教师呢？
朗西埃以轻松的语气写道：

> 教师命令他的学生到森林里去探险，然后回来
> 告诉自己，他们都看到了什么，对这些所见有什么
> 想法。

换句话说，他鼓励学生自行诠释自己的发现。教师面
临的挑战是在学生的研究遭遇挫折、意志力薄弱而非智力不
足时，及时地提供帮助。他必须确保学生们全神贯注。在这
个过程中，教师验证了学生学习的过程，而非结果。对于学
生针对特定现象的学习成果，无知的教师选择"刻意无知"
（willfully ignorant），其高明之处在于，帮助学生发现那些或
许连教师都不了解的知识。

当我们把思想从教学转向领导力上时，我认为，雅克多
对于教师角色的独到见解也能转移到同样积极且充满希望的
领导者角色上。

第一步是接受这个观念。任何人既可以"学"也可以"教"，因此，每个人既能成为"追随者"也能成为"领导者"。领导力并非是追随者无法企及的能力。

第二步是了解知识。我们都在非常努力地获取成为领导者所需的智慧资产，那么，我们来之不易的宝贵经验该如何处理呢？还有专业知识呢？难道现在要让我们抛开一切已知，臣服于"无知"之下吗？当然不是，我们在这里宣扬的"无知"并不是它的传统定义，传统定义或许是指缺乏知识或重要常识。比如，以为吸烟对身体无害，或者无法在美国地图上指出内布拉斯加州在哪儿。

恰恰相反，我们希望领导者在自己的专业领域中是见多识广、学识渊博的，对学科的过去和现状有广泛的了解，甚至在其他领域也颇有建树。如果想在"探索森林"（以朗西埃的意象来说）的过程中及时厘清方向，确实需要涉猎各个领域的知识。领导者无需忘记他们已有的知识，只需要在"探索开始的时候"，让自己跳出原有的知识框架即可。换句话说，领导者应该准备纵身跃入无知的海洋，而不是仰仗自己已有的知识，他们甚至不去预测探索的结果，因为预测结果可能会摧毁发现新知的机会。

刻意无知是如何创造出新知的

广博的知识和自我强加的无知是如何创造出新事物的呢？让我们来看看有史以来最伟大的发明家之一：路德维希·凡·贝多芬（Ludwig Van Beethoven）。

贝多芬在创作交响曲时，怎么能说他是"无知"的呢？他当然对交响乐有着非常深入的了解，比如，他必须了解管弦乐团每一种乐器的技术可能性，必须广泛了解现代古典音乐的创作技巧，还必须通晓传统的创作技巧。学会用音乐的"语言"说话，是作曲家在训练中必须掌握的部分。

贝多芬与其他作曲家的不同之处，并非是他懂得更多乐理知识或有更高明的创作技巧，而是他能够跳出自己原有的知识框架，创作出让人意想不到的乐曲，这一点甚至连他自己都倍感惊奇。尽管饱受音乐界其他专业人士的诟病，但是贝多芬依然照做不误。有一位作曲家甚至这样形容贝多芬，"他显然已经疯到该送进疯人院的地步了"。虽然贝多芬在创作之初已经有了一些想法，但是他依然在未知的世界里探索、实践，他写作并且反复修改甚至是重写，直到作品完成。

音乐家在演奏贝多芬的作品之前，也需要详加研究他的手稿，因为演奏他的作品同样需要保持这种"无知"。标准的作曲方式无法以最精确的方式表示出音乐的每个层面，这意

味着,乐曲本身还有很大的表现空间,它本质上源自音乐家
对乐曲的不同诠释。作曲家使用的是意义模糊而相对的词语,
例如大声和轻柔、快和慢。因此,需要知识广博而创意无限
的音乐家,在有限的知识框架之外去探索。他们实际演奏出
来的声音就是我们所听到的音乐——它总是饱含惊喜,而这
并不是由作曲家来决定的。

如果我们相信,无论是哪个领域的领导者,都应该像贝多
芬创作交响曲一样为他们的组织勾勒出伟大的计划的话,我
们就会希望这个计划是他们基于明智的选择来打造的。与此
同时,我们也不希望这些计划是仅以过去看待未来的,也就
是说,**领导者不能仅凭过去的经验来决定未来的计划。**当然,
我们可以吸取过去的经验教训,但是它们可能太容易被接受
和应用。如今,员工的能力、市场动态和公司情况与过去都
相比有太多不确定性,因此我们接受不可预知的情况,也希
望领导者能够和以往有所不同。换句话说,**我们需要领导者
选择无知,从而让未来可以成为一种选择(同时我们也有发
言权),而不是惯性思考的结果。**

构建刻意无知的框架与场域

约西·瓦尔迪(Yossi Vardi)有"以色列创投教父"之称,

被公认为以色列高科技产业的精神导师。他在自己的领域内同时兼顾"无知"和"已知",是我在无知领导力领域的导师。

1998 年,瓦尔迪与三位聪明且年轻的投资人,将即时通信软件的先驱 ICQ 以 4 亿美元的高昂价格卖给美国在线(AOL)。此举不仅使他赚进了大笔的财富,也让他有能力把时间投入两个平行的兴趣。在某种意义上,这两个兴趣都是"以无知为基础的"。

第一个是投资高科技公司,瓦尔迪成为创新公司所说的天使投资人。他曾经说,投资创新公司的理由从来都不是认为这家公司的产品会大获成功,而纯粹是因为"成功无法预测"。换句话说,瓦尔迪承认自己在做投资选择时,对于成功几率是无知的,那么他如何决定投资哪家初创公司呢?答案是他通过评估创业者的个人素养来做出抉择。如果创业者具备勇于创新、值得信任、坚定、明智等优秀品质,那么当他们遭遇失败的时候,瓦尔迪就有理由相信他们会把最初的失败想法向另一个方向转变,直到把事情做好。

第二个"以无知为基础"的兴趣,是在"非正式会议"(unconferences)的架构中进行的一系列活动。这一术语最初与蒂姆·奥赖利(Tim O'Reilly)创立的名为"Foo Camp"的骇客会议有关。

瓦尔迪成立了以色列互联网智库 Kinnernet，并组织开展一系列的非正式会议（即互联网大会）。如今，遍布全球的各种版本的互联网大会都是在复制他的成功模式。Kinnernet 是瓦尔迪举办过的最重要的活动，他召集了约 300 位来自全世界的青年创业家、投资人、艺术家、音乐家、科学家以及其他创意人士参与这个既没有会议议程，又没有事先决定主题的大会，而且这个大型聚会只提供基本的物料和食宿场所。

他的构想是，由与会者创造内容：提出探讨的观点、组织音乐活动、创造科技项目等，还包括烹饪一些相对奢侈的大餐。瓦尔迪为这些自发性活动提供的唯一物料是一块巨型白板，与会者可以自由书写他们想要举办的活动，试着吸引其他人的参与。这些聚会的结构相当简单，没有自上而下的控制，而且效果很好。与会者讨论了真正与自身利益攸关的议题，也听取了各式各样的观点，形成了新的合作关系，这些非正式会议还催生出新的倡议，这些倡议在现实生活中得到践行。

当然，无论是瓦尔迪，还是其他为与会者准备物料的后勤人员，都无法预期结果，但是他们足够明智，不去尝试预测结果，而是愉快地选择接受无知。以领导力的术语来说，这意味着在某种程度上，瓦尔迪愿意放弃控制——但在此之前，他已经创造出一个异常坚固的架构，一个让这种无知发挥"魔力"的平台。

除了基本物料之外，与会者还要严格遵守行为规范，比如营地中不得进行其他商业活动，不得批评其他人的贡献，即使你认为某人的观点愚不可及也应报以掌声。以瓦尔迪的话说，就是你不能"吸别人的氧气"（drinking of other people's oxygen），因为时间有限，每个人都想参与。通过严格执行这些规则，让营地成为一个善意的集中地，在这里可以暂时远离自私。**最关键之处在于，无知需要架构、规则和认真倾听才能产生效果。**

近年来，我一直试图为自己的教学建立一套模式，使我可以在某种架构之内召唤无知。我仍然清晰地记得无知是如何第一次令我感到吃惊的，并向我展示了一个意想不到的目标，即使我认为我知道自己在做什么。

20世纪90年代后期，在佐治亚州的亚特兰大附近举办了一场有宗教领袖参加的座谈会。我在那里结识的人都相当注重沟通能力，专心与他人构建和谐的关系，同时也是很好的听众，他们合唱的歌声非常美妙。

一天晚上，当他们正准备继续唱歌时，他们的

热情启发了我的灵感。我突然意识到，唱歌或许是
另一种与他人连接的方式，虽然我不知道那会是什
么，不过我被这个组织传递出的能量深深吸引。我
说："好美的歌声，你们要不要在房间里走一走，一
边唱歌一边倾听其他人怎么样？"他们照我说的做
了，于是这一举动打开了全新的维度：就像一张静
止的照片变成了一部动态的电影。他们的歌声像万
花筒一样荡漾在整个房间里。我发现歌声变化之美
让众人的举动仿佛身处泡泡之中，所有人都享受着
美丽的光影跳动，于是我说："请你与其他人接触，
打打招呼，站在一个人的面前，在你唱歌的时候看
着对方，在你离开之前同他握握手。"

当这一切开始发生的时候，我们都有了全新的
体验：大家在持续不断的优美和声中共享了亲密的
时刻。然而，我个人的探索时刻还没有到来。我对
发生的一切既兴奋又充满感激，所以我对大家说：
"这真是太棒了，谢谢你们。"并且准备就此结束，
此时我听到有人发出"嘘"的声音，全场大约200
人盯着我，仿佛在说："我们还不想停下来。"后来，
他们继续唱了半个小时。

此刻，是我该放下控制的时候了。我们共同创造出一些新的东西，这是我们之前唱歌的经历所产生的成果，如果我们不愿意探寻并体验未知，这一切就不可能发生。我选择提出一些要求，尽管我并不知道会导致什么样的结果，这是一种无知的领导力（ignorant leadership），也是歌唱者的选择，他们比我更清楚当下发生的事情具有多么重要的价值，甚至推翻了我结束歌唱的决定。

选择"无知"作为积极的行动路线，并非因为疲惫、绝望和懒惰，而是在执行搜寻相关信息的过程。**选择刻意无知的结果是，理解全面的知识和过去的经验，对创造一个让"无知"充分发挥作用的场域是至关重要的。**在我们的歌唱过程中，需要大量个人歌唱的技巧、知识和团队练习才能让我们的和声如此美妙：这就是场域，它还包括不想就此结束的必要意志。更进一步地说，**我们需要变得无知，仅仅是无知，就能使我们获得意料之外的学习和成就。**

在创造场域的过程中，什么时候是领导者该放下控制的时刻呢？什么时候可以假设无知已经出现，领导者又该如何去做呢？这些都是我们在后续章节中试图去解答的问题。接下来，在关于领导力的六大音乐变奏曲中，你将了解到，"无知"

作为一种领导力的工具，在伟大指挥家的作品中应用的不同
方式和不同程度。

The Ignorant
Maestro
本章小结

1. 一个无知之人可以教会另一个无知之人他自己也不懂的
   知识。

2. 领导者应该学识广博，但在探索新知的过程中，需要他
   们跳出已有的知识框架，选择刻意无知，不知道答案，
   甚至不去预测答案，因为这可能会摧毁发现新知的机会。

3. 我们需要领导者选择无知，让未来可以成为一种选择，
   而不是惯性思考的结果。

4. 理解全面的知识和过去的经验，对创造一个让"无知"
   充分发挥作用的场域至关重要。

5. 无知需要架构、规则和认真倾听才能产生效果。

———————

WE NEED LEADERS TO CHOOSE IGNORANCE, SO THAT THE FUTURE CAN BE A MATTER OF CHOICE, RATHER THAN THE OUTCOME OF INERTIAL THINKING.

我们需要领导者选择刻意无知，让未来可以成为一种选择，
而不是惯性思考的结果。

The Ignorant
Maestro

2　思考差距，领导者发现
　　新机会的关键时刻

我演奏的音符并不比其他钢琴家厉害多少，
但音符之间的停顿，啊，那正是艺术所在。

20世纪最伟大的钢琴家之一，
阿图·施纳贝尔（Artur Schnabel）

新事物被接受和被拒绝之间的差距，就在于是否被赋予新的意义。这就是领导力发挥关键作用的时候：领导者是寻找意义过程中的"助产士"，当利益相关者的意志力结合起来都无法找到意义时，领导者应该提供支持。

我对处理"差距"（gap）的了解来自音乐。事实上，音乐演奏的本质在于对差距的处理——差距带来的喜悦、对差距的诠释、利用差距获取的优势。20世纪最伟大的钢琴演奏家阿图·施纳贝尔说过：

> 我演奏的音符并不比其他钢琴家厉害多少，但音符之间的停顿，啊，那正是艺术所在。

停顿可以当成真空（void），就是什么都没有发生，也可以被认为是为声音赋予背景和意义的差距。的确，**在商业领域里，领导者面对的挑战在于：把无意义的"真空"转化为有意义的"差距"。**

一方面，真空的定义是负面的，是缺少了什么，是本来应该发生却没有发生的事情，所以人们往往感到无能为力："管

理层从来不给我们答案，连他们自己都搞不清楚方向"或者
"客户服务部能分配到的资源太少了，我们会因此失去客户，
甚至丢掉工作"。

另一方面，差距被当作有明确定义的空间，是充满探
索和创造性的工作，也就是"管理层从不告诉我们应该怎
么做，而是希望我们提出下一步的计划，并在每周的例会
中公开讨论"，或是"虽然没有足够的资源分配给客户服务
部，但幸好团队里有人分享他在 TED 演讲中看到的'众包'
（crowdsourcing），现在我们建立了更加完善的服务模式，成本
更低，效果更好"。

什么是差距

差距是什么？如何找出差距？差距出现的时候我们会有
一种不和谐的感觉：有些东西不适合。它们可能出现在我们
的感知、观点、期望、愿景，以及我们沟通所有事情的方式中。

不同之处本身并不构成差距。假设我们对未来有两种不
同的愿景，只有当我们试图将这两种不同的愿景应用在同样
的现实中，并证明它们无法相容时，差距才会出现。比如，
两位合作伙伴对同一份项目计划有着不同的诠释，这时沟通
的差距就产生了。

原本认为理所当然的事情，后来却被证明不是事实时，就会产生差距。换句话说，一个人的世界观被颠覆了。当我们告诉自己，生活中的某个层面和现实发生了冲突——当我们认为某件事不合理，或是好笑又奇怪的时候，就会产生差距。即便是你觉得好笑的事情，通常也是建立在不相容的差距之上的。

强烈的情感，比如爱、欲望、失去感，甚至是强大的野心，所有这些都给人们带来一种强烈的差距感，这是必须要处理的。差距越深，它能创造的能量就越多。例如情侣们会竭尽全力地去爱对方，企业家会不遗余力地取得成功。

看起来，如果你感觉到自己和某人（或某事）之间存在差距，肯定是你以这样或那样的方式对其感兴趣，如果你不感兴趣，就不会有差距。我们对差距的兴趣，投射出对未来的意图——接下来我们要怎么做？看来，一旦察觉到差距，我们就会采取行动。

培养识别差距的思考力，
为差距赋予新机会与新意义

现在，这一切听起来似乎都令人不快，因为差距意味着的大多是错误和矛盾，怎么会有人喜欢差距呢？

我猜想，你受过的训练和以往的经验教会了你如何避免差距。当你从伦敦地铁车厢走出来的时候，必定会看到"小心间隙"的警语，列车和月台之间的间隙很危险，它最好根本不存在。我们可以联想到很多实体中的差距，例如时间的差距、知觉的差距，等等。

当你开车去上班马上就要迟到的时候，红灯亮了——可恶！选举时的承诺与执政期间的行动差距——不公平！按照菜单上点的菜与服务生实际端上来的菜之间的差距——令人恼火！这些差距一开始就不该出现，应该被消除、封闭、发泄，或者被密封起来。

没有差距的世界似乎会更加美好，是这样吗？那么，让我们试着来消除一些日常出现的差距吧，哪怕只是为了好玩儿。

如果人们可以瞬间从甲地到达乙地，就像电影《星际迷航》(*Star Trek*)中的对白"斯科特，把我送上去！"所说的那样，无需在路上浪费时间，这很吸引人，对吧？不过，从办公模式切换成家庭模式需要多长时间呢？或在路上停下来喝一杯浓缩咖啡，看着来来往往的行人，什么都不想，放空片刻怎么样？放弃它吗？度假时，你希望老板只为了问你一个小问题，就瞬间出现在你面前吗？

如果你去参观梵高的画展，发现所有的画作近来都"升级"了，大师欣赏风景的视角和我们每天看到的"真实"画面不再有任何差距，你会做何感想呢？独特的"画家之眼"是否成了徒有虚名？

或者去沿着你最爱的风景路线兜风怎么样？一条美丽的葡萄酒大道，有绵延起伏的山峦、变化万千的景致。结果却发现它被一条"减少差距"的高速公路所取代，不仅驾驶的速度更快，而且可以360度毫无阻碍地欣赏风景，你会开心吗？不受阻碍的视野或许能让你暂时目瞪口呆，但是想象力（与诱惑）取决于你与你想象中的景色之间的距离和障碍——换句话说，就是差距的存在。世上最凄美的情诗是在远离爱人的情况下被触发的——我们要抛弃这种渴望吗？

组织中通常不欢迎差距。你可曾看过公司宗旨或企业价值的海报上写着"我们致力于创造并维持客户服务的最佳差距"？大多数企业CEO要的是"统一""团结"的组织。管理者希望员工"密切合作"，"共同推进"朝着"清晰"的目标迈进，并且"准时"完成目标。在理想的企业形象中，没有任何有关"差距"的暗示，如果组织中存在差距，就肯定是不好的，有损于我们的团结，意味着有问题、缺陷和错误。果真如此吗？

确切地说，正是因为在工作或沟通中，差距经常被视作可怕又毫无意义的空白，因此通常会成为"房间里的大象"而被忽略。他们以为忽略就能让问题消失。如果问题持续成为阻碍团结的因素，就可能会被塞入更多的目标、僵化的流程或例行的程序。

顾名思义，例行公事是最常见的"填补"方式。我们出于习惯随口说出没有被赋予意义的话，比如，"有空聚聚吧"；只把空洞的表情当作一种标准行为，比如对着镜头"微笑"；工具只有使用说明书列出来的功能，完全没有其他用途，比如"前往 App 商店"；只剩下标签而没有个性化特征的人，比如"打扫卫生的阿姨"。我们可以避免感知上的差距，这样很方便。如果不这么做，我们就会开始问问题，比如为什么不能从其他商店购买 App？这位每天在办公室里打扫卫生的聪明人，她能教会我哪些连老板自己都不知道的事情？我们害怕差距会打乱计划完整、秩序井然的生活，因此我们更倾向于忽略它们（如果只造成轻微的不便）或抑制它们（如果造成可怕的创伤性的破坏）。我们以此依附过去，根据规律的模式运作，这种生活方式实际且安逸，但是必须付出代价——没有挥洒创造力的空间。**当我们消除差**

距的时候，就是放弃了为它们选择一种解读的可能性，放弃了把它们置于情境之中，放弃了给它们一个故事的可能性，我们也放弃了探寻它们的历史，放弃了给予它们由我们选择的未来。为了不放弃这些，你必须通过差距培养思考能力。

如果不是否认差距，而是接受差距，又会怎么样呢？爵士音乐家或许会高兴地说："今晚我的表演很精彩，因为我犯了所有正确的错误！"提醒你一下，正确的错误是不容易被忽视或隐藏的。它们是那些带来新发现、创新和潜力的事物，是让你做出积极改变的事物。你的组织会放弃这种创新的资源吗？如果答案是否定的，那就太好了！你刚刚接受了自己的第一个差距。

生活中各种形式的创造力，从艺术到商业，再到家庭环境，都依赖于辨识和探索差距的能力。差距是一个可以诠释，让意义不断改变的机会。"差距思维"（gap thinking）可能包括很多"客体思维"（object thinking）所否定的事情，矛盾的共存就是一个例子。

与物体不同的是，差距是非物质的：它们存在于我们的思想、记忆、直觉和情感里——现实能显示差距，但是无法决定差距。

任何渴望精通差距管理的领导者，都应该参考艺术界提供的例子。我们先来看看艺术作品，无论是在文学、诗歌、绘画还是产品设计中，我们都能发现，伟大的作品通常在作品本身和那个特定时代的风格之间创造出一种独特的差距。如果没有这些差距，伟大作品就变得平淡无奇了。更加令人惊艳的是，这些杰作和艺术家的过往作品之间拉开了差距。贝多芬的每一首交响曲都参考很多自己的作品，可是这些伟大作品之中的每一首都有意料之外的元素，都是独一无二的交响曲。这也是为什么同时期那些不太知名的音乐家创作的数百首交响曲，如今却被世人所遗忘的原因：因为他们完全迎合当时流行的古典主义后期风格的特征去创作，缺少了我们所说的审美差距——这恰恰是旷世佳作不可或缺的元素。没有人在作曲之前就能预测这些差距的特质，即便是贝多芬也做不到（从这个层面来说，贝多芬本身就是一位无知的大师的典范）。

这类体现审美差距的作品起初通常不被世人所理解，甚至会遭到观众的拒绝。当柴可夫斯基介绍他挚爱的小提琴协奏曲时，有些批评家认为这是"反音乐"的。法国印象派还处于萌芽阶段时，曾遭到评论家和知名人士的严厉批评，直到多年后，这一风格才被认为是现代历史上最受欢迎的绘画风格。

"这样很好，艺术需要一段混乱的时期。"以色列艺术家亚尔·加伯茨（Yair Garbuz）告诉我："你看了新锐画家的作品后会说：'这画的是什么玩意儿？这样的作品随便哪个人都能画得出来！'但是10年以后，这幅画作就会成为绘画领域合理的组成部分。"在那段时间里，作品被赋予了一种意义。如果你想在产品设计中找到类似的例子，就想想第一台iPad问世时是如何被嘲笑的——从嘲讽产品名称到宣称iPad只是一台"超大的iPhone"。在这种情况下，iPad造成的创意差距如此之大，以至于它自成一个新的类别，很多人只是搞不懂这种新的工具有什么用途。

因此，新事物被拒绝和被接受之间的差距，就在于出现的"意义"。当我们看到差距时，就觉得必须赋予差距新的意义；如果无法赋予意义，就会退缩或拒绝。这时就是领导力发挥关键作用的时候：**当利益相关者的意志力不够强大时，帮助他们寻找意义，并在这一过程中提供支持。**正如法国哲学家朗西埃在"无知的教师"中所扮演的角色那样。

那么，领导者要如何在寻找意义的过程中扮演"助产士"的角色呢？为差距赋予新的意义必须是一个包容的过程，要接纳许多不同的声音，让许多利益相关者接受所有权。不过，为了开启探索的过程，领导者必须提出一个具有引导性的概念作为对话的框架。我建议使用隐喻，因为隐喻既能引发联想，又不会给予明确的定义。

举例来说，两个团队成员之间的冲突可以用不同的隐喻桥梁来处理：把团队当作"家庭""作战小组"或"遭遇海难一起在海上漂流的船员"。**领导力必须提供足够的指引，既能促动团队的进步，又不会限制创新或独立的想法产生。**在谈话中，主导的隐喻或许会改变，但是必须从一个命题开始。这个选择同它的接受程度和接下来的讨论的丰富性有很大的影响。在某种程度上，第一次尝试创建沟通平台是为了控制这个差距，在它的周围创建一个框架。这是一个临时的架构，允许所有参与者从各方面审视它。甚至在尝试为差距赋予意义之前，用来描述和控制差距的工具就已经非常重要了。

为了说明这个道理，我以一家创立于 1836 年，后来面临差距的美国工业企业来举例。

Ensign-Bickford（以下简称 EB）公司在其第一个 150 年，以开发用来保护矿工的爆炸物安全引信为核心业务。这项技术后来被转化为火箭科学，当时该公司开发的新型爆炸物，用于美国国家航空航天局（NASA）发射火箭，将宇航员、气象卫星、无线电卫星送到太空。然而，随着 21 世纪的到来，矿业公司遇到环境和经济上的双重困境，NASA 也

开始缩减开支，减少发射计划，EB 公司不得不开始
寻找其他商机。

EB 公司主管戴夫·马尔斯巴里（Dave Malsbary）
在美国中西部结识了一位科学家，这位科学家在自
家车库进行实验时，无意间发明了一种新的狗粮添
加剂。在他做的非正式实验中，也就是当他打开车
库门让邻居的宠物狗进来时，10 只宠物狗中有 9 只
都喜欢他的新配方狗粮，胜过其他知名品牌的狗粮。

接着，马尔斯巴里向 EB 公司董事会提议投资
宠物食品，让公司多元化经营。有一位董事只回应
了四个字："你疯了吗？"另一位董事则问道："EB
公司是以爆炸物和其他相关产品闻名的，怎么能去
生产狗粮呢？"简单来说，马尔斯巴里遇到了相当
大的差距，这是一种期望、历史、认知知识的差距，
以及对一家成熟的公司应该变得无知，一头扎进未
知领域的观点的明显怀疑。他应该如何以定义它的
方式承认这个差距？他要如何重新定义这个问题和
其解决方案，让自己有足够的说服力？他不能只是
说："这个计划可以让公司赚钱。"铲雪也能让公司

赚钱啊。他必须以一种既能显示盈利能力，又能与一个更大且完全合理的商业计划相吻合的方式来描述它。

他是这样控制并重新组织这个差距的：没错，生产宠物食品对一家科技公司来说似乎很不合理，不过多年来，EB 公司正是因为极具创造力，在某些层面保持开放的心态才得以逐渐壮大。举例来说，谁会想到，生产爆炸物就能让收音机的听众通过卫星广播收听贝多芬的交响曲，和远在他乡的摇滚演唱会呢？这样的科技又留下了什么样的产物呢？EB 公司将愿景从解决特定的行业问题，延伸到提升人们的生活品质。

简单来说，马尔斯巴里主张，EB 就某些方面来说已经涉足宠物食品行业了，因为 EB 身处生活服务行业，而宠物是生活中的一个重要组成部分。理由牵强吗？或许吧，不过董事会接受了这个建议。投资宠物食品的确为 EB 带来了巨大的利润，不仅如此，当 EB 涉足宠物食品行业之后，另一扇大门也应声打开，那就是人们的食品仓库，这也是一场有利可图的冒险——如果马尔斯巴里没有恰当地处理他与董事会之间的差距，这一切就都不会发生。

领导者应对差距的三个策略

这种能够接受新意义的开放态度，恰好能为差距带来不确定性和选择的自由，也因此可以带来一个开放的未来的可能性。作为组织中的一员，你可能会觉得这样的愿景太过开放：万一公司里的不同利益相关者要的是不同的"未来"呢？我们要如何营造团结？因此，真正的好消息是管理得当的差距不仅能够让你在未来取得意想不到的成就，而且还能促进团结。这时的团结来自于很多层面：一个商业组织、一个家庭，甚至一个因为不同利益或职责产生冲突而分裂的个体。

差距是如何让团队更加团结的呢？下面这个故事对我来说非常重要，有两个显而易见的原因：第一，它与我父亲有关；第二，它是我最初的音乐记忆，在我成年后的记忆中，两者结合在一起，创造了一条充满启发意义且振奋人心的通往团结之路。

> 我的父亲出生在耶路撒冷的一个叙利亚犹太家庭，成年后经历过多元文化的洗礼。一方面，他深受犹太人和阿拉伯人的宗教传统和文学传统的熏陶；另一方面，又非常热爱欧洲古董和日本工艺品。他和我的母亲共同创作了一部相当精彩的当代以色列艺术作品集，这部作品集是他们毕生心血的结晶。

他既不赶时髦，也不张扬，身边多元的文化之镜反射出他温和的个性。我常常在想，他是怎么形成如此和谐的个性的呢？拥有这么多迥然相异的兴趣，他又是如何掌控这么大的差异的呢？

为了探究其中的原因，我必须深掘幼时的记忆。小时候，有一次父亲、哥哥和我一起去了祖父家位于耶路撒冷的塞帕尔迪克犹太教堂，就是在那里，我邂逅了奇妙的听觉体验，这组成了我最初的音乐记忆。

当我们接近教堂时，可以清楚地听到全体会众唱出的祷词的旋律，那是一曲强大、持续的歌声，歌声如此动听，我会忍不住冲上前去推开门。然而，在我踏进教堂的那一刻，却觉得自己被一堵庞大的声音之墙往后推——老实说，那是噪声，只有断断续续的旋律。我听到许多人在独自大声地吟唱，只能隐约听出他们唱的是同样的祷词和旋律。每个人都以不一样的声调和节拍歌唱，每个人都遵循着他的家族的本地传统，用不同的方式修饰或自由发挥。

这些人不是音痴，也不是没注意到歌声中的差距，他们以呈现出这些差距而沾沾自喜，在强大的深信包容的社群传统中，这是个人主义造就的结果。祈祷的歌声属于所有人，并欢迎所有人公开拥有它。

我想，正是生活在这个拥有不同声音的社区里的经历和体验塑造了父亲现在的性格，他把包容的逻辑内化，然后扩展自己，以最少的内在摩擦自然地结合许多兴趣与爱好。之所以能促成如此丰富的组合，是因为每一个元素都以差距为特征，这些差距使这些元素能够团结，就像他幼时生活的社区那样，差距让所有人团结在一起。

分享这件往事之后，我想起了其他亲爱的家族成员——我母亲的家人。他们是在以色列建立第一个基布兹（Kibbutzim）①的先驱。在他们全力打造的新社区里，理想且纯真的初衷让他们谴责社区中任何个人主义的迹象，每个人的思想、饮食、服装和育儿方式都应该完全一致。于是团结胜出，也取得了伟大的成就。但是，经过一两代人之后，他们发现这种做法完全无法持续下去，因为平等主义的意识形态无法掩盖每个人的差距，长期以来他们都难以成功处理这些差距。**只有妥善处理差距才能创造团结，否认差距就会破坏团结。**

---

① 一种以色列的集体社区，志愿组合，主要务农，在那里没有私人财产，它对它的成员及家庭的一切需要负责。——编者注

领导者应对差距的第一个策略，是找出最强大的差距。
只要妥善处理这些差距，就能为企业带来重大且积极的改善。
这并不容易，因为最有潜力的差距通常也是最可怕的，所以
它通常会被一层又一层的传统、例行公事或以"我们之前都
这么做"的态度所掩盖。

领导者应对差距的第二个策略，是将找出的差距公开并
与组织沟通。这不是微不足道的小事，也不仅仅是技术上的
尝试，否认差距、恐惧差距是普世皆有的现象，不是只有领
导者才有的属性。沟通不应该是主观的，也不应该让任何利
益相关者感到羞愧或难堪，因为未来取决于他们的积极参与。

领导者应对差距的第三个策略，是提出并协商出一个可
以包容、保持差距的框架，让差距能够被研究或理解。接下
来，差距必须被赋予一个意义，就像任何一个共同的意义一样，
通过对话来共同创造。如果所有利益相关者都认为这个差距
毫无意义，就可以将它弃之不管（只要把它封存起来，就不
会成为阻碍）。这样，我们才能专注于其他有意义的差距。不
过，大多数时候，差距对不同的人来说有着不同的意义和经
历，也就使人展现出对未来的不同看法。这正是领导者最艰难的
工作：必须领导一个过程，在这个过程中，差距不会被消除，
而且利益相关者愿意接受"无知"，没有人宣称自己知道"真
相"。这个微妙的平衡行为是为了创造一个新的框架和新的观

点而存在的，在这个框架中，差距的不同意义被编织成面向
未来合为一体的叙述，让利益相关者能够继续前进、做出改
变和达成合作。

听起来很复杂吗？但是，如果考虑另一种选择，也就是
沿着相互冲突的解释深究，那样只会让我们一无所获。这个
严峻的前景足以让我们好好看待差距，以不同的角度思考差
距。不过，还有另一项能力是必备的：基调倾听。

The Ignorant
Maestro
本章小结

1. 在商业领域里，领导者面对的挑战在于：把无意义的
   "真空"转化为有意义的"差距"。

2. 生活中各种形式的创造力，都依赖于辨识和探索差距的
   能力。差距是一个可以诠释，让意义不断改变的机会。

3. 新事物被拒绝和被接受之间的差距，就在于出现的
   "意义"。

4. 当利益相关者的意志力不够强大时，领导者应帮助他们
   寻找意义，并在这一过程中提供支持。

5. 领导者应对差距的三个策略：找出最强大的差距；将找
   出的差距公开并与组织沟通；提出并协商出一个可以包
   容、保持差距的框架，让差距能够被研究或理解。

THE CHALLENGE OF LEADERSHIP IN BUSINESS, AS IN MUSIC, IS TO TRANSFORM MEANINGLESS VOIDS INTO MEANINGFUL GAPS.

在商业领域，领导者面对的挑战在于：把无意义的"真空"转化为有意义的"差距"。

The Ignorant
Maestro

3   基调倾听，领导者创造
合作和参与的行动模式

如果我只能听一种声音，那么我会听演奏者
是否倾听彼此的声音。

20世纪最伟大的指挥家之一，
卡洛斯·克莱伯（Carlos Kleiber）

The Ignorant
Maestro

如果你希望听众成为你的合作伙伴，主动
参与并为自己的学习承担责任，在你的无
知与知识基础之上获得成长，就应该转变
作为演讲者的观念，成为一名倾听演讲的
谦卑的听众。

请你回想一下演讲者的标准做法：以一个笑话或当地趣闻开始每次的演讲，也许是在从机场搭出租车时发生的事，或者是最近发生在城里的热门新闻。不管它是什么，通常都是一种取悦听众的方式。听众原本准备要听一场"严肃"的演讲，现在看到演讲者站上讲台，精心准备了幽默的笑话作为开场，甚至还以当地新闻作为话题，这是演讲者与听众之间的双赢交流，它以体谅换取认同。

简而言之，这就是普通演讲背后的机制，是一场直接的交易。演讲者进行必要的笑话仪式，让所有听众认同自己扮演的角色——活跃而诙谐的演说家，而被动、被恭维的听众则准备好被娱乐。这种做法很保险，也可以预见结果，但是在某种程度上，它的作用也是有限的。

如果你希望听众可以成为你的合作伙伴，积极主动地为自己的学习承担责任，从你身上学到更多东西，也就是说，如果你希望他们能在你的无知与知识基础上获得成长，就必须避免陷入这种模式。你应该转变身为演讲者的观念，成为一名倾听演讲的谦卑的"听众"。

这样的听众的专注程度不亚于演讲者，但是他们关注的焦点是不同的。他们不是专注于传播知识，而是专注于创造对话。他们潜在的想法是，每一位参与者在互动过程中都会有不同的学习成果，只有通过对话，才能让所有参与者尽可能理解他们所听到的信息，并根据自身的理解和与他人分享的方式形成自己的观点。这名听众掌握着交流的空间，不同的学习"收获"对所有人都有益。它就像无知的教师，验证过程而不是结果。**事实上，对"刻意无知"的领导者来说，"基调倾听"是一种关键的行动模式，"在当下"则是关键因素。**

为什么基调倾听会有效

为了解释并证明"倾听"演讲也需要用到其他感官，我们一起到布达佩斯的国家会议厅看一看。

当时是 2012 年，我准备做一个演讲并指挥布达佩斯爱乐乐团的演出。我站在这座建筑的侧厅中，整理着我那风格狂放不羁的头发，思考着我们即将在7 000人面前演奏的奥地利作曲家小约翰·施特劳斯的作品，然后再回顾一下我准备的自我介绍。啊，当然还有那个例行的小玩笑——我要讲的是我那匈牙利保姆的真实故事，那是50年前的事了。

我得到提示，然后走上台，面带微笑，鞠了个躬。正当我开始介绍匈牙利保姆的时候，我注意到一件不寻常的事情：那是首席小提琴手的脸，或者应该说是他令人惊讶的表情。这位交响乐团的首席小提琴手是一位身材矮小、体态微胖的男子，他在排练时态度友善且乐于助人，是个出色的合作者。但是现在，我却没有在他脸上看到应有的表情。通常在开始演奏之前，乐手应该展现出充满期待的专业态度，可是他却露出了古怪的表情，介于严肃和欢快之间。他的脸似乎是橡胶制成的，向我、其他乐手和观众露出似笑非笑的表情，观众能从会议厅放大了上千倍的大荧幕上看到他所有表情的细微变化。我不确定他到底想表达什么，但是我无法将目光从他身上移开，我想，其他人也不能。我耳畔响起一个焦虑的声音，它告诫我：不要理会他，继续我精心准备的开场白。不过，我实在太好奇了，所以问道："这是什么表情？"我是在问他，也是在问现场的观众，他们和我一样困惑。虽然脚本里没有这句话，但我并没有感到慌张，因为我感受到当下的力量。我相信观众会参与进来，受到与既定流程不一致的差距的吸引。不出所料，观众确实全神贯注——我们在舞台上能感受到，也能听到。这为整场表演奠定了基调。

为什么会有效？原因很简单，观众是我们努力吸引的对象，当他们感知自己的生命力的时候最令人激动，他们感觉到正在经历的不是"别人的什么事"，而是自己能直接参与的事。我很愿意用"敬畏现实"来定义它。因此，我们需要具备基调倾听能力的领导者来提醒我们：聚焦于当下，人生时常会有无法预知的可能性，要重视及时对话的力量。

有的人或许会好奇：台上的人怎么才能与台下的 7 000 人对话呢？我的经验是，"对话"和无知一样，是一种可以选择的心理素质，它让你寻找非语言讯息，甚至是暗示或碎片化的简短的讯息。就像恋人在寻找他的爱人一样，或者像婴儿的父母寻找他们的宝宝那样，都带着极大的兴趣和极高的敏感度。

不过，如果想实践这些观点，发现极大兴趣和极高敏感度的内在价值，并不需要会议厅里的 7 000 人都应用它们。在日常生活中，即使已经被提醒过很多次："不听别人说话，往往是我们为自己制造的麻烦。"然而这样的行为仍然很难改变。

如果你去参加晚宴，就能实际体会到不倾听的习惯有多么普遍。也就是说，我们通常不会用耳朵去理解，也不会用耳朵去发掘更深层的意义。例如，宴会的主人说他们一家人刚从法国巴黎回来，并开始分享旅程中最精彩的经历，那么，宾客中至少就会有三个人，虽然汤才喝到一半，却已经迫不及待地要分享自己在巴黎的经历了。他们并不打算深入探讨主人家的故事，或者从他们的经验中获得新的发现，而是预先准备好如何叙述自己的经历，一旦主人讲完最后一段，就开始自己高谈阔论。

与此形成对比的是，在经济还没有高度繁荣的时代，传统的道德观念认为，当人们围坐在餐桌旁的时候，每个人都要仔细倾听其他人说话。那时，整个家族可能只能负担得起一个人去看戏剧、马戏或歌剧，其他成员只能通过这个人的描述来体验表演，不只是听他叙述，同时还提出问题、展开讨论，最后就像自己也亲身经历过一样。

基调倾听，如何创造合作与参与的空间

身为领导者，选择无知能够让你专注于下属的学习过程，支持他们的自主发现。你的基调倾听能力创造并保持了交流的空间，对差距的渴望促使你和他们寻找并创造差距，利用差距激发出的能量做进一步的探索和交流。

无论你的观众是谁，是持怀疑态度的董事会成员、股东、苛刻的上司还是普通员工，这些因素都能为他们带来真正的影响。让我们从大企业中找出一个最近的案例，看看它是如何落实这种做法的吧。

2013 年，一位名叫弗朗西斯科·帕加诺（Francesco Pagano）的年轻人邀请我到亿滋国际（Mondelēz International，卡夫食品公司在北美以外其他地区的名称）位于苏黎世的欧洲总部见面。他告诉我，他和其他年轻的中层管理者想要改变公司的企业文化，以免他们老了以后只在意资历和丰厚的酬劳，而不喜欢具有挑战性的新观念。

弗朗西斯科刚从小公司跳槽到亿滋时，对公司的多元文化印象深刻。亿滋看起来应该很棒，但他担心，公司无法灵活敏捷地应对当今竞争激烈、难

以预知的市场。他质疑道："难道所有大公司的反应都这么迟缓吗？"在市场瞬息万变、充满挑战之际，或许他可以改变公司，让它早一步做好准备。

公司高层管理者说的所有事情都是正确的，他们甚至还创造了各种口号："像老板一样行动""讨论、决定、实现""真诚以对""开放包容""从心出发，用脑领导"。尽管这些口号都很鼓舞人心，但实际应用的情况却并不理想。中层管理者深谙口号和实际应用之间的差距，当然，这些差距在许多公司都很常见：抱持不切实际的崇高理想，却无法推动每天甚至长期的决策。在亿滋，弗朗西斯科看到的差距通常会被高管们忽视，更糟的是，这些差距还衍生出讥诮嘲讽，玩世不恭的风气，这几乎成为组织的终极毒药。

不过，弗朗西斯科是个很好的倾听者，而不是愤世嫉俗的人。他听取了官方的信息，选择相信它们。于是，他开始真诚地把自己相信的信息反馈给管理者们，他发现这本身就具有某种力量。

接着，弗朗西斯科倾听内部沮丧的声音，他注意到，这些声音并非源自高管的办公室——位居高位的管理者自我感觉良好。这些声音来自中层管理者们，他们能听出过去和未来之间的不和谐。这是一股正向的力量，他们没有悲叹或抱怨，只是希望公司能够实现理想。不过，如果要产生影响力，他们就必须团结。他揭露出这些差距和声音，让大家都看得见，也让管理层和同事可以采取积极的行动。

接下来就简单多了。高管们同意让他们自行发起并策划一场会议，邀请来自世界各地的年轻、勇于创新的管理者参加。这不是人力资源部门为了善尽职责而发起的自上而下的活动，而是由参与者共同努力举办的。

总之，这场活动的使命是授权给中层管理者，他们再将权利赋予身边的人，抛开威胁每个官僚体制的"不能做"的态度。然后，弗朗西斯科找到了一种方法，让这些流于表面的语言产生真正深远的意义。

整个亿滋公司都能感受到这场会议所带来的影

响，弗朗西斯科的部门也是如此。他说："我们现在定期发表报告，探讨成为一家创新型公司意味着什么，如何对市场做出更敏捷的反应，不是通过多年的测试和确认，而是通过承担更多的风险，采取更敏捷的行动来实现。"

现在，弗朗西斯科在全球重新打造这种创新思维，然后最大的惊喜来了。有一天，弗朗西斯科接到他的创新对手，全球最具创新精神的公司之一——谷歌（Google）打来的电话。谷歌的人会来拜访他并向他学习吗？

正是弗朗西斯科的决心和能力使差距得以实现，并在不断发展的对话中创造出活力，他为此创建了一个平台，让大家从对话中产生能量，进而让公司有所改变。他没有具体的创新想法或想要推动的产品，所以，他对这些对话将带来什么结果是无知的，他专注于保持对话空间的开放，而不是只关注结果。如果从音乐的角度阐释，我会说，弗朗西斯科确保了管弦乐团的每一个部分都能被听到，以至于演奏不和谐的问题必须得到处理，他以一种让别人倾听的方式倾听，而那些不协调的声音正在被转化为彼此连结的旋律。从这个方面来看，他的工作与指挥家的工作是一致的。

基调倾听创造更大的自由与更多的合作

对领导者而言，基调倾听最大的价值是塑造了出色的演讲者和更多的听众。事实上，当一位重要的听众倾听你的演讲时，你的说话方式就会改变。你不再企图让自己的语言和想法迎合听众认同的形式，但是你拥有"在没有任何约束的未知领域里冒险"的自由，知道自己有倾听的安全网。这是一个安全的空间，它能够接纳错误、解决错误，而且能将错误的经验用于学习。从更基础的层面来看，听众承认你是一个正当的、有同等地位的贡献者。仅凭这一点就能获得极大的成功，下一个故事可以证明这一点。

我的父亲摩西·塔尔格玛（Moshe Talgam）曾是以色列特拉维夫地区法院的资深法官，审判过许多暴戾的歹徒，那些罪犯会因为谋杀、强暴、持械抢劫等罪名被判服刑多年。

在司法历史上曾经有一桩非常棘手的案件——恶名昭彰的阿尔佩松家族案（Alperon Family Case）。阿尔佩松家族组成了极为残暴的犯罪组织。甚至只需亮出阿尔佩松家族的名号就能勒索到钱财。他们的暴力行径更是令人闻风而逃，组织拥有大量军火，从各种枪支刀具到炸药不一而足。这些气焰嚣张的罪犯只要登上法庭，就会做出令审理过程无法进行的恶劣行为。他们拒绝保持沉默，不断发出吵闹的声音，大声唱歌甚至喊叫，导致法官根本无法询问证人。而且，由于被指控的罪行重大，案件的审理过程必须在他们在场的情况下进行，他们的不配合行为已迫使几位法官选择退出此案，导致诉讼程序迟迟无法完成。

最后，这桩案件落到我父亲的手中，他没有以更加严厉的制裁手段来威胁这些罪犯，甚至没有命令他们听他说话。他只是倾听，让他们尽情表达。但事实上，父亲听的是罪犯们内在的作案动机，以及处于矛盾中的自我感知。他带着同理心倾听他们，但是并不同情他们。他知道什么样的表达可以当作证据，但他没有让这些法律知识妨碍自己倾听罪犯以自己的方式说出那些故事。他知道他们有很多话想说，也需要他人的倾听。他不只是为了伸张正义，也是让即将受到惩罚的人了解何谓正义。出乎意料的是，审理过程异常顺利，没有发生挑衅和冲突。

法官尊重他们，他们也自然而然地报以尊重。他们感激法官从人性的角度审理此案，而不仅仅是把他们贬为罪大恶极的凶徒，这与最后宣判的严厉程度无关，而是由于他们能够受到邀请，参与这个过程。

父亲并不是刻意使用基调倾听的策略，如果他刻意这么做反而不会成功，因为这些罪犯经验丰富且老练世故。正如所有领导力都是在领导者的行事风格中展现的一样，父亲只是和往常一样听他们讲述，这是他的行事风格。正是他的洗耳恭听改变了他们的态度和行为，我认为他是真正的倾听者。

历史上有一位真实的英雄般的领导者，他在悲剧性的差距背景下，利用大规模的基调倾听推动他的国家踏上一条通往和平的道路，迈向更美好的未来。南非的种族隔离是人们熟知的历史，纳尔逊·曼德拉（Nelson Mandela）与种族隔离政策对抗的历史也是人尽皆知的。曼德拉与其他英勇的自由斗士的不同之处在于成功之后做出的选择。他说："当我走出通往自由的大门时，我知道，如果没有抛开痛苦和仇恨，那么，我与身陷囹圄时并无不同。"

种族隔离政策结束后，曼德拉成为南非的新任领导者，原本他完全有权力推动正义：惩罚迫害者，补偿受压迫者。通过这种方式，在象征意义上和实践性上，缩小不公正的得失差距。

　　曼德拉却做出了不同的选择。种族隔离结束后，所有人的政治权力趋于平等，可是漫长的种族隔离历史给人们心理上造成的巨大创伤必须面对，人们无法忽视或遗忘这个差距。曼德拉明白，无论是为了报复而惩罚，还是为了弥补心灵上的差距而要求补偿，都注定会失败。这些"补偿"没有任何帮助，因为无法做到绝对公正地去补偿：数百万人的生命遭受如此长期的摧残，需要多少赔偿才能够弥补呢？

　　他明白有必要保持差距，敞开心扉，通过倾听双方的故事来探索差距。为了实现这个目标，南非成立了"真相与和解委员会"，可以使那些愿意承认自己曾经因政治动机而犯下罪行的人获得特赦。当然，如果是较为极端的案例，委员会也可以拒绝给予赦免。委员会让这些案件的受害者有机会讲述自己的故事。来自四面八方的人都在倾听。在我看来，包括曼德拉在内的任何人都无法预测这些诉讼带来的结果，然而今天人们普遍认为，这个委员会是南非成功过渡到新政治时代的一个重要的组成部分。曼德拉通过保持一种悲剧性和暴力的差距，让人们在最恶劣的环境下仍能倾听他人，表现出对人性的刻意无知。他的这种领导力是全世界最崇高而持久的遗产。

The Ignorant
Maestro
本章小结

1. 基调倾听是领导者创造合作和参与的行动模式。

2. 选择刻意无知，能够让领导者专注于下属的学习过程，支持他们的自主发现。领导者的基调倾听能力创造并保留了交流的空间。领导者对差距的渴望促使他和下属寻找并创造差距，然后利用差距激发出的能量做进一步的探索和交流。

KEYNOTE LISTENING IS A KEY MODE OF ACTION FOR AN IGNORANT LEADER. BEING "IN THE MOMENT" IS A KEY FACTOR.

对"刻意无知"的领导者来说，"基调倾听"是关键的行动模式，
"在当下"则是关键因素。

The Ignorant
Maestro

第二部分

六种领导力风格

How Great

Leaders Inspire

Unpredictable Brilliance

指挥的工作被比喻为全能的"世界统治者"
和工作乏味的"交通警察",这听起来似乎
自相矛盾,然而,这两种描述真实地呈现
出了指挥家和领导者两种身份内部的固有
差距。

请思考指挥工作的两种截然不同的定义。哲学家伊莱亚斯·卡内蒂（Elias Canetti）说：

他的双眼注视着管弦乐团的所有成员，每位乐手都觉得指挥正在看自己，也正在听自己演奏的音乐……他存在于每一位乐手的心里，他不仅知道每个人该做什么，也很清楚自己在做什么。他是规则的化身，兼备积极和消极的双重含义，他以双手发号施令……在演奏中，除了作品之外，其余的一切都不准存在。长久以来，指挥家就是世界的统治者。

指挥家安德烈·普雷文（André Previn）说：

指挥家的作用是什么？最简单的比喻是交通警

察，也就是确保每个人都以同样的速度、同样的音量来演奏。

领导者，是"世界统治者"还是"交通警察"

指挥的工作被比喻为全能的"世界统治者"和工作乏味的"交通警察"，这听起来似乎自相矛盾，然而，这两种描述真实地呈现出了指挥家和领导者两种身份内部的固有差距。

一方面，指挥家必须确保音乐演奏的每个技术层面都遵守规则，包括每种乐器的调音，不同乐器的音准，演奏时的和谐，音乐开始、演变、结束的时间，以及演奏风格等。一场交响乐演出通常有数百万个细节，如果处理得当，就能演奏出高品质的音乐，就像让滚滚车流安全有序地行驶一样，或者把规模再放大一些，就像管理供应链复杂的物流系统一样，数千个零件在准确的时间点到达生产线，让生产流程可以完美进行。

另一方面，在确保大家都遵守规则之外，指挥家还需要创造和理解更高层次的规则，并以此来与团队进行沟通。由诸多细节构成的整体，不应该只是部分之和，而应该是全新质量的整体：属于生命体而不属于机器。由于组装机器和创造有机体不同，有生命的管弦乐团也应遵循相互依存、共同成长的原则——由管理阶层建立，但是并非由他们直接控制。

对领导者或指挥家来说，同时处理大量琐事非常不容易。如果指挥家企图在演奏中控制无数细节，对数十种分布在不同区域的乐器下指令，并立即给予适当的回应，那么，他很快就会发现自己只能追着音乐跑，而非指挥音乐，就像卓别林在经典名作《摩登时代》（*Modern Time*）中趴在高速运转的生产线上一样。另一方面，如果领导者和指挥家的宏大愿景与现实世界完全脱节，他们就会失去控制，这比较接近迪士尼动画片《幻想曲》（*Fantasia*）中的第一段"魔法师的学徒"的情节，米奇想成为魔法师，却在睡梦中被自己的"雇员"创造出的洪水惊醒，并被威胁要淹死他。

领导力，包括管理和愿景，领导者需要兼备这两种能力，以免被细节所淹没，或者迷失在寻找乌托邦的路上。

领导者的传达方式是关键

我们的目标应该是了解领导力的信息和它的传达方式。它们并不是分离的。很多时候，最强烈的信息就在传达过程中，而不是脱离传达独立存在。如果内容与形式不符，一个矛盾（即差距）就形成了。**与任何差距一样，如果领导者能**

够理解和关注差距，并且把它视为寻求更好的方式来传达自己的目标的契机，那它就是有用的；但如果它成为追随者置疑领导者真诚度的理由就毫无助益了。

传达，也就是信息传递，与我们所说的"个人风格"有很大关系。在对他人的认知中，风格总是比其他组成部分更重要且辨识度更高，就像你听到自己最喜爱的摇滚乐队的演奏，即使只听一两秒钟，也会立即辨识出他们的声音，还能听出是哪首歌。这也是为什么管弦乐团的乐手宣称，仅仅是看指挥家从舞台走到指挥台的方式，就知道他的指挥功力如何。这么断言或许太过武断，不过乐手们的确很快就能看出指挥家的风格。风格发挥得当时就是"有个性"，发挥得淋漓尽致时就是"有魅力"。伦纳德·伯恩斯坦就十分有魅力，还有克莱斯勒（Chrysler）前CEO李·艾柯卡（Lee Iacocca）、通用电气（GE）前CEO杰克·韦尔奇（Jack Welch），以及已故的史蒂夫·乔布斯（Steve Jobs）都颇具魅力。至于比尔·盖茨（Bill Gates），虽然魅力差了一些，但是他用其他方式弥补了不足。

展现风格的方式有很多种，比如姿势、表情和手势等身体语言，音调、语速、停顿和用语等口语沟通，除此之外，在互联网社交环境下，风格还通过不同的互动方式展现。

真诚，是一种绝对不能忽视的领导力因素

值得注意的是真诚度非常重要。我们当然可以模仿特定风格的传达方式，比如学习某位当权者的说话方式，或模仿某位性感女郎的走路姿态，都会有不错的"笑"果。如果模仿得很完美，大家就会笑得更开心，但这完全是因为他们对模仿对象与现实中的模仿者之间的差距了如指掌。模仿优势可以进入更深层，模仿者内化并使用模仿对象的语言和对话架构，但是模仿者本人通常没有意识到这种转变。在极端情况下，人们的确会认为模仿者是"正品"。

> 我曾在巴黎近郊的枫丹白露学习指挥，当时我崇敬的老师伯恩斯坦和所有学生一起，欣赏一位同学指挥管弦乐团。我记得自己越看越嫉妒，因为这位同学的指挥动作几乎与伯恩斯坦一模一样：跳跃、呻吟、表情和沉重的呼吸声，我甚至以为自己看见了伯恩斯坦的化身。正当我嫉妒又自怜自艾的时候，坐在正前方的伯恩斯坦转过头来，声音不大却很清楚地说："这家伙以为他和我一样，但我可不是模仿者。"

你或许很容易被某些商业领袖的行为所打动，于是亦步

亦趋地试图模仿他们。通用电气 CEO 杰克·韦尔奇的领导力著作使他成为一个偶像。他最为人熟知的是能够以"一对一"的方式与员工培养感情，其中的一部分原因是他记得每个见过面的人的名字，这让人们受宠若惊且印象深刻，每个人都觉得自己在韦尔奇心中占有很重要的位置。难道你不想如法炮制吗？可是韦尔奇的天赋并不是人人都能模仿的。著名导演伍迪·艾伦（Woody Allen）曾说："我这辈子唯一的遗憾就是，我不是别人。"关键不是自己能和别人一样，而是发挥自己身为领导者的独特的优势组合，这就是本章的重点：**在各种领导风格中，找到自己所处的位置，学会如何让你独特的优势组合在组织中为你效力**。但是，在你的领导力解决方案中有一项要素绝对不容忽视，那就是"真诚"。

领导风格必须深深嵌入领导者的"行事风格"中，让其他人感受到他的真诚。如果你因为崇拜美国铁血将军小乔治·史密斯·巴顿（George Smith Patton）或美国前总统林登·约翰逊（Lyndon Johnson）而尝试模仿他们，那么你肯定会失败。我们只能把这些人物当作自我成长的抓手，竭尽全力学习他们的潜能，然后不再模仿他们。想想模仿艺人里奇·利特尔（Rich Little）和小萨米·戴维斯（Sammy Davis, Jr.）的演艺事业，他们都能模仿很多名人，但是一段时间之后，利特尔没能展现出自己真实的个性，最终被埋没于众多模仿艺人之间；戴维斯则在多年后找到自己的特点和独特的沟通方式，从此不必再模仿其他人。

如果领导者希望信息能够被透彻地传达并触动下属的内心，那么，最重要的就是让下属感受到自己的真诚。缺少了这一点，下属就会对领导者产生怀疑或不信任，领导者传达的信息就会被曲解，甚至导致适得其反的效果。

对于乐团指挥来说，领导风格真诚与否的问题更为敏感，因为乐团和公司不一样，一曲交响乐可以先进行排练，再正式演出。在公众的注视下，领导力确实能够改变它的表现，改变的程度因人而异，它本身取决于风格。不过，真诚领导是要从团队成员的角度来评判的，对他们的评判通常是双向的：如果他们能够感受到改变的内在动机，而不是指挥在观众面前上演的一场秀，那么，领导力就不会受到置疑。据我所知，在表演艺术以外的领域，管理者通常很羡慕乐团能有排练的机会。

"我们从来没有机会排练，我们无时无刻不在正式演出！"我曾经听到许多不同行业的人说过这句话。他们希望在执行复杂工作之前（对有些人来说，这或许是第一次面对难搞的客户或严苛的上司），个人或团队能够有时间做充足的准备。我能理解他们的渴望，因为对指挥来说，排练也相当耗费心力。乐手会从许多层面来评判指挥，在排练之前，乐手有责任把乐曲中比较复杂的部分练熟。指挥则不同，他无法在排练之前自行演练，因为指挥动作是即时发生的行为。当然，指挥应该通过模拟特定情境来做好准备，通常他们会在脑海里模拟接下来要进行的对话，所以从这一点来看，即使说领导交响乐团和领导企业一样也是合理的，因为每个行为都是正式演出，也几乎（或应该）是下一个行为的排练。

六位指挥大师，六种领导力风格

接下来，我会带你观察六位指挥家的工作过程，并且将他们的做法引申到音乐厅以外的事务上。这些都是我的个人观察，没有受到我的主观意识和个人品位的影响，是通过观看指挥家表演视频而获得的心得，以及二十多年来与成千上万人讨论这些视频所累积的经验。

我选择这六位指挥家，是因为他们是在有影像记录的时代里最闪亮的巨星，每一位都是音乐演奏的卓越象征，更重要的是，每一位指挥家都符合特定领导风格的典型特征，都投射出一种清晰且独特的世界观，一套连贯的信念，而这些信念反过来又产生了一个工作原则，通过这个原则，指挥家们经营、发挥影响力，衡量自己的成功。

这些指挥家的领导风格并非凭空塑造而成的，它们是时代和地域文化力量下的产物——受到国籍、学派、语言、经济和政治的影响。然而，领导风格同时也塑造组织文化，而且影响力远不止如此，它们已经成为社会整体的反射镜和催化剂。

接下来介绍的六位指挥家中有一大空白——没有女性。不幸的是，这种现象反映出指挥行业自古以来的一个问题。为什么会出现这种情况，而且至今仍然十分常见呢（虽然有些女性指挥家的才华特别出众）？可惜的是，性别议题超出了本书的讨论范围。然而，通常被认为是男性化或女性化的行为模式，在我们的讨论中非常普遍。

The Ignorant Maestro

4 不容置疑的独裁型领导者：
里卡尔多·穆蒂

指挥家应该是唯一的权威，是作曲家的高层代表。

20世纪最伟大的指挥家之一，
里卡尔多·穆蒂（Riccardo Muti）

穆蒂作为"一台控制机器"是非常强大的。
他就像一台全景摄像机或一间安装了单向
玻璃的办公室,无时无刻不在监视着你。
他的身体站得很稳,手臂强有力的动作似
乎和身体无关,他直挺着头,稳定地俯瞰
着乐手,不错失任何细节,强有力的手势
通常有一定程度的重复,仿佛不想让乐手
产生任何误解。

里卡尔多·穆蒂，这位非常优雅的男士走进了宛如玻璃钟罩般的歌剧院的乐队席，他的表情严肃且专注，即使面对观众的欢呼和掌声也不为所动，似乎只听从自己内在的脉动，然后他站到指挥台上。他以完美的拉丁姿势，强调并证明了他位于管弦乐团、舞台和观众之间的中心位置。

莫扎特作品《唐·乔万尼》（Don Giovanni）有着凝聚管弦乐团全部力量演奏的沉重乐音的开场，意为召唤遭到谋杀的骑士长亡灵，和弦迸发后又淡去，归于沉寂。这需要极大的能量才能成形，但穆蒂没有在周遭的人身上寻找这股能量，也就是说，这股能量不是出自乐手热切的期望，也不是出自观众强烈的沉默，而是来自穆蒂自己的，仿佛他预先在自己身上加满了能量，然后再将这股能量传递给整个乐团。

穆蒂指挥乐团演奏第一组和弦时，手臂动作急促而有力，没有留下任何有待解释的细节，他在每个音乐变化发生之前就早早给予提示，控制且监督每个乐手的每个动作。他收拍也收得十分用力——即使乐手早已停止演奏，他的双手还是使劲地颤抖，仿佛在挣扎。

在一旁观察的我们想知道这种挣扎意味着什么，以及我们能从这一紧张时刻中学到什么。穆蒂是因为音乐本身不会消失而在努力克服技术上的难题吗？或者他是否沉浸在音乐背后的意义中，体验着与骑士长亡灵对抗的情节？或者他只是在建立自己对管弦乐团的控制？那么，想象自己有个像穆蒂一样的新老板吧，他上任第一周就全身心地投入并不懈努力，甚至让你忍不住自问：这位新老板是否真的有意协助我们改善做事的方式？是否会帮助我们重新思考做事的目的？或者他只是想稳固自己在办公室的权威吧？

穆蒂在指挥《唐·乔万尼》时的表现让答案呼之欲出。一个半小时以后，歌剧演出进入最后一幕，当众人欢庆终于摆脱既是叛徒、又是杀人凶手和花花公子的乔万尼时，穆蒂的表情却没有丝毫放松，手部动作依旧飞快，表现得威风凛凛，这与当下戏剧化的情节毫无关系。他的手势更像是他领导风格的象征，而不是对演出技术需求的呼应，或是对音乐角色的视觉化表现。他多半是以这样的手势认定自己身为指挥的核心职责——他必须掌控全局。

自上而下的控制

穆蒂的控制自上而下，但是掌控权来自更高处：根据他本人的说法，他处于音乐"立法者"的管控之下，背离规则是一种犯罪。穆蒂觉得自己不断地被严苛的"超我"所审判——或许是莫扎特的灵魂，或许是他演奏的其他伟大作曲家的作品，这一切都要求他完全担负起忠实诠释乐谱的责任。他和公司的 CEO 没有什么不同，CEO 也不断受到董事会的审视，公开表现出取悦董事会的愿望。穆蒂正面迎接挑战，以明确的领导准则作为武器，他宣称这是指挥家阿图罗·托斯卡尼尼（Arturo Toscanini）留下的传统。这意味着指挥家作为作曲家的高级代表，应该拥有唯一的权威，即使是在歌剧作品中也一样。但实际上，歌剧演出的许多层面与音乐并没有直接的关系，比如舞台设计、灯光和服装等。穆蒂的提议清晰明确：他会承担所有责任，也要求完全的掌控，不只是自我控制，而且是掌控执行中的每一个细节，音乐只能有一个正确的诠释——他的诠释。

穆蒂作为"一台控制机器"是非常强大的。他就像一台全景摄像机或一间安装了单向玻璃的办公室，无时无刻不在监视着你。他的身体站得很稳，手臂强有力的动作似乎和身体无关，他直挺着头，稳定地俯瞰着乐手，不错失任何细节，强有力的手势通常有一定程度的重复，仿佛不想让乐手产生任何误解。

想象一下，你和老板简短清楚地讨论了工作中的一个细节问题，但是，你刚一离开他的办公室就发现他发了一条提醒短信到你的手机上，同时还发了一封邮件，然后又让秘书打电话提醒你，接着又有一份传真在办公桌上等着你……他似乎不太信任你，对不对？

穆蒂的提示总是早早到来，他忙着掌控下一个活动，而不是在音乐演奏的当下与乐手一同分享。他的大部分心力都放在确保乐手遵照他的指示演奏上，这让人忍不住怀疑：如果有片刻没有任何指示会发生什么情况呢？换句话说，如果穆蒂是公司 CEO，他突然请了三天假，公司会不会倒闭呢？难道他对乐手一点信心都没有吗？即便他们只是自行演奏一小段也不行吗？看来，无论穆蒂对乐手的能力有什么想法，失去控制的恐惧仍然凌驾一切，而恐惧肯定会造成失误。他不能容忍失误，因为失误意味着他背叛了对"立法者"，也就是作曲家的核心职责。

既然穆蒂不信任乐手能够自组织（self-organize），那么他传达给乐手的信息就得一清二楚，这也是他为什么一直打拍子直到让所有人都看见的原因，就像带领一支行军乐队或敲打低音鼓一样，强迫每个人一起演奏。不过，这种指挥方式

是以牺牲演奏中较为微妙的部分为代价的。如果把旋律想象
成伟大画家画的一条美丽的线——这条线有性格和生命力，而
不是绘图本中由点连成的线，形成一个预想的形状。音乐家
也必须努力让音符有连续不断的生命力，并且充满激情与目
标感。但穆蒂太专注于到达"里程碑"，而几乎忘了欣赏沿途
的其他风景和好好享受这趟旅程。

控制导致压制和否认差距

对穆蒂来说，指挥是不是一件快乐的事情呢？有一段采访
称赞他"威严十足，宛如王座上的国王"，穆蒂听到后几乎大惊
失色，他回应道："你说指挥是国王？我说它是座孤独的小岛。"

穆蒂的回答丝毫不带喜悦，也不会令人太过意外，因为
我们可以理解试图消除差距的西西弗斯式（Sisyphean）[①]的本
质。具有指挥和控制思想的人是无法忍受差距的，需要不断地
压制差距。如果无法压制这些差距，就要立刻粉碎或否定它们，
这一点穆蒂发挥得淋漓尽致。领导者或许会忽略他们和"立
法者"之间的差距，因为承认差距就意味着他们的诠释并不
比下属高明，这是对其权威的一种挑衅。他们提供永无止境
的指示，仔细管理工作中的每个细节，努力消除差距，避免

---

① 源自古希腊神话，形容那些永无止境的、无望又无效的劳作。——编者注

员工按照他们自己的方向前进，即使是一小步也不行。领导者把下属的空间压缩到最小，具有讽刺意味的是，领导者自己的空间也随之缩小了。**不容置疑的独裁型领导者永远有做不完的事情，他们完全无法从发号施令中解脱出来。**

或许大多数人都会认同穆蒂对错误的厌恶，因为错误是"本该得到的结果"和"实际结果"之间的差距，是控制得不完美的结果。然而，如果错误带来了比预计更好的结果呢？这个关键差距包含了把错误当作潜在收益的可能性。如果生物学家亚历山大·弗莱明（Alexander Fleming）和之前的研究人员一样丢掉受到污染的培养皿，他就不会发现青霉素。穆蒂关上了差距的大门，而这个差距可能提供了一个"安全空间"。在合适的条件下，错误作为一种创造性或寻求自我表达的方式而受到欢迎，但是穆蒂却为乐团的最佳表演设定了上限。在音乐家之间流传着一个笑话，一语道尽与穆蒂合作的感受，一位首席小提琴手的朋友问他："你和穆蒂一起演出的结果如何？"他回答道："还不错，本来可以更好的，可是他不肯。"

毫无疑问，当员工的口头禅变成"这是老板想要的"时，你一定能从中感受到商业生活中的寒蝉效应。或者更糟糕一点，"这是老板不想要的，所以永远别这么做"。在报纸行业，"狗咬人"不是新闻，"人咬狗"才是，不过当报社社长咬了编辑时会发生什么呢？

截至 1970 年，《艾克隆灯塔报》（*Akron Beacon Journal*）一直被认为是美国主要的地区性报纸之一，也是传奇报业大亨约翰·奈特（John S. Knight）经营的第一家报社。奈特是一位老派新闻记者，头戴宽沿绅士帽，身着双排扣西装，表情严肃地坐在角落处的办公室里，尽管他已经准备退休，但仍有深远的影响力。

有一天，报社在头版刊登了一张小狗的照片。很快，奈特告诉编辑，他"不喜欢"那张照片，编辑立即召集报社高层领导召开会议并宣布，头版不允许再出现狗的照片。即使是教皇咬他的雪纳瑞宠物狗的照片也不行。于是，头版禁放狗的照片成为报社禁令。

当然，伟大的奈特的本意并非如此。但他要为这件事承担一定的责任，因为他让编辑认为他的观点就是圣旨。奈特站在最高层宣布，下属也认为这是新闻之神的旨意："追求真理、正义、美国式的精神，以及永远不在头版放狗的照片。"奈特在这方面就像指挥家穆蒂一样，他有很多优点，但是不具备以健康的态度迎接差距的能力。打个比方，如果公司聘用了一群高学历人才，却不允许他们有独立的见解并予以实践，那么聘用他们又有什么意义呢？所以，**接受差距，甚至创造差距，是解放思想并带来积极变化的关键。**

当穆蒂创造了差距，也就达到了卓越。具有讽刺意味的是，差距有时是他权威的、纪律严明且憎恨差距的态度所造成的。我们来谈谈他第一次和以色列爱乐乐团排练的情况，当时我也在场。

以色列爱乐乐团是一支优秀的乐团，工作习惯融合了地中海和中东文化，或许还有印度籍音乐总监祖宾·梅塔（Zubin Mehta）带来的印度文化，几乎和他们从其伟大的欧洲传统中汲取的一样多。而文化融合引发的一个问题是缺乏正式的纪律，对等级制度十分漠视。出生于孟买的梅塔曾开玩笑说："我是这个乐团里唯一的一个印第安人（印第安人和印度人的英文皆为 Indian），其他人都是酋长！"不仅这个乐团特征鲜明，而且当地的观众也不想苛守欣赏演出的礼仪。举例来说，在音乐会进行期间有观众咳嗽几乎是全球性的问题，在以色列犹为严重，知名钢琴家亚瑟·鲁宾斯坦（Arthur Rubinstein）曾说："在世界各地，患上流感的人都会去看医生，而在特拉维夫，他们都来听我的音乐会。"

穆蒂第一次与以色列爱乐乐团接触时我去了现场，我想知道这两种工作文化之间的冲突将以什么样的方式结束。我必须要说是穆蒂大获全胜，乐手们未见其人，先闻其名。穆蒂一走上舞台，上百位音乐家纯真可爱的表情就是他获得胜利的第一个征兆。没有人敢一心多用，没有人用智能手机发信息或与其他人闲聊，以往乐手们几乎都把规则当成"可选项"，而穆蒂却创造出相当了不起的现象。

穆蒂在第一个弱拍举起指挥棒，提示乐团做好准备，就在那非常安静的一刻，有一位乐手因为看不到身形颇为矮小的穆蒂，移动了自己的椅子，而这个轻微的动作却发出了巨大的摩擦声。穆蒂的手停在半空中，他看了看自己的乐谱，然后看着乐手，接着以低沉且沉稳的声音说道："各位先生，我的谱子上没有椅子刮蹭地板的声音！"就这样，从那之后，连针掉在地上的声音都能听得到，排练从头到尾非常安静，只有乐团演奏的音乐声，这是多年来以色列爱乐乐团第一次真正听见自己演奏的声音。乐团在10分钟内就达到了比过去多年演奏更优秀的水准。穆蒂成功创造了以前以色列爱乐乐团想成为伟大乐团所缺少的条件：安静。

因此，穆蒂在乐团平庸而一成不变的无意识行为中，建立了强有力的差距，使乐团迎来了一些新气象，因此促成卓越，最终将喜悦带给所有人，无论是对乐团还是咳嗽的观众来说都是如此。

从穆蒂的角度来看，或许他的确缩小了自己对纪律的要求和乐团"正常"表现之间的差距。然而，从乐团的角度来看，他创造了新的现实，由此也产生了认知上的差距。我们或许可以推测，如果穆蒂成为乐团的常任指挥，这个差距就将不复存在，他魔术般的影响力也将随之消失。他们初遇的那一刻是领导者的风格正好符合下属需求的完美体现。随着这些需求的不断变化，下属对领导力内容的需求也会随之改变，此时就需要基调倾听，以促使领导者进行这种循环和学习。

不只是独奏，还要彻底合作

为企业领导者讲课时，我会给他们播放穆蒂指挥的视频，然后问他们："你们当中有多少人愿意让他来做你们的老板？"通常只有 1%~2% 的人举手。在这种情况下，穆蒂或许不算成功，但令人好奇的是，如果问同一群观众："穆蒂能否达成期望，有优秀的表现呢？"结果有大约 90% 的人相信他能做到。之所以会出现这种不一致的观点，根本原因并非是大多数人反感被强迫着去做什么事，而是大多数人认为，纪律和严苛的态度会迅速恶化成胁迫。穆蒂是恶霸吗？

我认为穆蒂不是。之所以如此断言是因为我研究过他，也曾经与其他独裁型指挥家一起合作。至于穆蒂，我曾经瞥见他在指挥台下与人交流的样子，从此开始喜欢起他来：我看到了具有自我意识、自我怀疑、幽默的穆蒂——一个充满差距的人。身为音乐造诣高深且充满魅力的指挥大师，穆蒂的指挥作品备受欢迎，但是在指挥台上，他被困在自己的领导模式里，但凡其他人有所选择，都不会采纳他的模式。大家通常会说："这种领导风格当然很有效，但是只适合军队！"显然，他们认为军队丝毫无法容忍士兵的不服从，是阶层与纪律僵化的组织缩影。然而，穆蒂的领导方式真的适合军队吗？35 年前服兵役的经历告诉我，事实并非如此。

从古至今，以色列不断与邻国发生冲突，服兵役几乎是每一位公民必经的人生体验。义务兵役就像是一个社会熔炉，包含了原先生活条件有天壤之别的、形形色色的人。军旅生活是许多以色列人首次尝到领导滋味的地方，许多饶富创意的高科技公司也在此萌芽，这让以色列有"创新之国"的美名。我曾在军官学校第一次接受领导力培训，并在作战部队担任中尉。那时，边境相对平静，我享受那段漫长又无所事事的日子，把时间都用来阅读我们当时的圣经——约瑟夫·海勒（Joseph Heller）的著作《第二十二条军规》（Catch-22）。那时，偶尔会从营区总部传来一连串指令，我发现其中的大部分指令不仅没有必要，而且还会产生反效果。值得庆幸的是，与海勒的疯狂且非理性的世界不同，我可以在以色列军方或至少是其野战部队，直呼指挥官的名字，几乎从不提及军衔，也不必对指令照单全收，还可以有充分的协商空间——不只是我这种资历尚浅的军官有这种权利，就连我的士兵也可以对我发表任何意见。如果他们认为我忽略了他们的意见，也可以以忽视我的指令的方式来回应。我知道，如此描述军旅生活听起来或许令人意外，但至少以我的经验来看，这样的叙述很准确。"协商"是有限度的，身为军官，士兵会期望你做出决定（即便这个决定不受欢迎），否则你就会失去他们对你的尊重。同时，你必须倾听，并以士兵的意见作为行动的起点，从而赢得他们的注意和服从。

像穆蒂一样的独裁型领导者要如何融入军队环境呢？总的来说，我遇到的独裁型领导者很少受到下属的欢迎，只有几位指挥官是例外，他们在战场上留下了传奇的声誉，而且这种独裁型领导风格只能发挥在与作战相关的议题上。每当"纪律"被应用在着装或发型等其他问题上时，就会和下属产生摩擦，引发不服从和抵触情绪。

2013年初的某个晚上，以色列北部司令部的两位将军登门造访，请我给予建议，此时，我年轻时服兵役的经验就派上了用场。他们描述的差距是，总司令部的将军们与作战指挥官之间的看法是对立的。

正如我所理解的，在事务上，指挥官想成为爵士乐的独奏乐手，只需要最少的书面指令和大部分的即兴演奏。但是总部的将军们想让他们成为大型乐团，甚至是行军乐队，即兴发挥的部分很少，几乎所有事务都预先安排好，通过资源的协调和使用来发挥最大的效用。这显然是领导力的问题。两位访客深知，惩罚不守规矩的指挥官无法解决这个问题，因此，他们希望我能提供一些新的视角，让所有关系人能够形成新的观点和行为。在这一点上，我欣赏他们的坦诚和无知，因为他们并不知道这个新视角是什么，而且知道自己不该建议甚至是预测接下来的行动路线。他们把挑战交付于我，我在一个星期以后安排了四个小时的会议，并邀请所有当事人参加。

我从特拉维夫飞到戈兰高地附近的一座小机场，以色列国防部的指挥将领都在这里集合。有一位将军特意在会场外与我碰面，原因是他不想参加这个会，他说自己总会在学术演讲中打瞌睡，不仅自己尴尬，还会让讲师感到不愉快。我向他保证自己不是学者或讲师，也不打算教授什么知识，只是有些东西想给他看。虽然他有些困惑，但还是同意留下来。

我的想法是，在他们面前提出一个具有挑战性的领导模型，而这与同样具有挑战性的团队合作模式密不可分，他们必须想象自己在最高水平的合作实践中的领导力观点。

请各位想象一个超现实的场景：在叙利亚惨烈的内战中，在军队和反叛军激烈交战之际，距离战场仅几公里的地方，以色列军官坐下来，紧紧围绕在弦乐四重奏的四位年轻音乐家身边，他们正在演奏约翰内斯·勃拉姆斯（Johannes Brahms）和莫扎特的作品。

为什么我安排这四位杰出的音乐家来当特别嘉宾呢？为什么古典音乐的弦乐四重奏会是激发军队指挥官思考的范例呢？这是因为他们在演奏时，每个人既是独奏者也是领导者，想要获得"成功"，就必须彻底合作。这是关键所在。

四位音乐家的角色可以随时转换，任何人在任何时刻，既可能独奏又可能演奏副旋律，还可能成为伴奏或先做停顿。你或许认为，独奏就能根据自己的节奏发挥了，事实并非如此，节奏是由伴奏决定的，想象一下独奏的吉他跟着爵士鼓的节拍吧！音调和音色是其他乐手同时呈现的元素，就像巨大的万花筒一样不停变化，团队成员必须迅速找到自己的定位和角色，不只是照着乐谱演奏，还要考虑到如果其他人的演奏与事先排练时有出入，他们该如何作出回应。乐谱呈现的是职责的变化，但是在执行上必须由乐手决定，并且乐手需要跳出个人的观点，进行共同进释。

这些见解出自音乐家和指挥官之间的对话。双方都叙述并分析了音乐家的合作，用两种不同的语言来比较各自的发现，幸好他们并不认为这两个领域是"一样"的，否则就没有东西可以学习了。相反地，他们研究了"军事语言"和"音乐语言"之间的差距，比如主旋律和伴奏之间"给予与接受"的关系就被拿来与"进攻力量和后勤支援"的关系作比较，找出相似点和差异点，并获得新的视角。

那位"昏昏欲睡"的军官勉为其难地参加会议后的感想是:"我有了新的感悟,通过他们反观自己,就像意外地在一间装满镜子的大厅里看到了自己的身影一样。"

我问的最后一个问题是:"你们是否愿意让指挥家来带领弦乐四重奏?"他们激动地拒绝这个提议,说道:"指挥家会干扰我们做音乐,我们不需要任何人告诉我们该怎么做!"那么,如果指挥家不是告诉他们该怎么做,而是观察并提出建议呢?结果大家都很欢迎,认为只要指挥家是一位真正优秀的音乐家就没有问题。不过,如果这个乐团的人数增加至管弦乐团的规模呢?这时,大家都认为该由指挥家来发起讨论和做出决定了。这也是军队可以考虑的领导模式,而且与"穆蒂型军事模式"(muti-military)的刻板印象相距甚远。

放下控制,获得微小而渐进的成功

我猜穆蒂有时候也不想那么"穆蒂型",或许是因为他经历过职业生涯中最惨烈的一刻。2005 年,穆蒂已在米兰最知名的斯卡拉大剧院担任了 19 年的音乐总监，参与过无数项决策和角力斗争（严重政治化）。有一次，穆蒂宣布，除非他的要求能够得到满足，否则他将拒绝继续指挥。他原本希望管弦乐团能够支持他的主张，但是没想到的是，乐团和剧院的职员以压倒多数的投票通过了"对音乐总监没有信心"的动议，这让穆蒂震惊且痛心不已，觉得自己被乐团背叛了，最后他选择辞职。

音乐家们之所以没有支持穆蒂，是因为尽管表演精彩，但是他们却觉得自己只是被穆蒂当作工具来使用，而不是他诠释音乐的合作伙伴。他们不需要学习和研究音乐，只要听从指令就可以了。在这种情况下，即使对音乐满怀最炽热的爱，长此以往也会逐渐消退，这将给音乐家和剧院带来极大的损失。

正如当今最优秀的乐评家之一的诺曼·莱布雷希特（Norman Lebrecht）所说："歌剧院已经厌倦了穆蒂单一的指挥方式，因为他的'词典'里充满控制和情绪，没有妥协，与他合作只有一种方式，那就是照他说的做。"

穆蒂现在仍是全球炙手可热的指挥家之一，他对指挥是否有了新的见解呢？尤其是在感到自己被乐手们背叛之后。下面要讲的是穆蒂和伦敦爱乐乐团排练时发表的独白，这听起来像是完全放弃了自己的独裁行为，也放弃了整个指挥的行业。

当乐团正在演奏捷克作曲家安东·德沃夏克（Antonín Dvořák）的作品时，穆蒂喊停并说道："这一段非常重要，从 C 大调转为 A 大调，你们，身为音乐家，你们要找到自己内心的颜色……"接着，他哼起了乐团正在预演的音乐，然后做出改变的手势，说道："……我什么都不能做……我可以试着做出漂亮的表情，但是对我来说是不可能的。"（这时乐团传来一阵笑声）穆蒂又说："我什么也没做，是你们在做，非常努力地演奏。"（他边哼唱，边看着乐手）然后说："小号、小提琴……所以我尽量什么都不做……你们从 D 大调换到 B 大调……"听完这番话，一些乐手鼓起掌来。

多么美好而又悲伤的一幕。美好的是，穆蒂承认他指挥的乐手可以独自追寻正确的诠释，远远不只是单纯地演奏而已。他承认乐手的努力，并赋予他们权利，即使是以牺牲掉他的控制为代价。为何悲伤呢？因为穆蒂无法放弃非一即零的二元思维。要么"我"什么都告诉你（他通常如此），要么"我"就是一个多余而可悲的人，只能在镜头前做着滑稽的鬼脸。而第三种选择是授权他人去领导，也就是穆蒂在上述独白中完美实现的领导方式，但是他无法认同那是"指挥"。结果，他必须放弃自己指挥家的身份，让乐手拯救音乐。

独裁型领导者有改变的希望吗？大家都知道，改变自己最大的阻碍就是成功，而失败则是激励我们寻找新方向的力

量。失败本身可能会让独裁型领导者走向极端，也就是要么
成为超级穆蒂，要么象征性自杀。不过，**如果独裁型领导者
在协助之下放开掌控权，进而获得微小且渐进的成功，他们
会更愿意接受改变**。对于在独裁型领导者淫威下挣扎的人来
说，这或许是最好的策略——利用差距来让领导者知道改变
和成长可能带来的收获。当然，推翻独裁者永远是一个选项，
但是革命都要付出它的代价。

M*The Ignorant*
Maestro
本章小结

1. 独裁型领导者提供永无止境的指示，仔细管理工作的每
个层面，并且努力消弭差距，避免员工按照他们自己的
方向行进。

2. 领导者把下属的空间压缩到最小，但矛盾的是，领导者
自己的空间也缩小了。独裁型领导者永远有做不完的事，
他们无法从不断地发号施令中获得解脱。

3. 接受差距，甚至创造差距，是让思想解放且带来积极改
变的关键。

4. 如果独裁型领导者能在协助之下放开掌控权，进而获得
微小而渐进的成功，他们会更愿意接受改变。

THE EMBRACING OF GAPS AND, MOREOVER, THE CREATION OF GAPS IS A KEY TO LIBERATING THOUGHT AND BRINGING ABOUT POSITIVE CHANGES.

接受差距，甚至创造差距，
是解放思想并带来积极变化的关键。

The Ignorant Maestro

5 恩威并施的家庭型领导者：
阿图罗·托斯卡尼尼

什么？在那样的表演之后？噢，不，不会吧！
绝对不能让别人知道我们家在这么糟糕的表演
之后还吃得下饭！

　　　　　　　20世纪最伟大的指挥家之一，
　　　　　　　　　　阿图罗·托斯卡尼尼

看他在演奏时的表情就能感受到他的紧张
和防御心理，他甚至面带担忧，他相信乐
手却又担心他们，就像慈父看着自己的孩
子做着复杂，甚至略带危险的工作一般。
当乐手成功时，你可以感受到他的自豪，
几乎让人忽略了他还有个"超我"等着处
罚那些越界的人。

托斯卡尼尼之于指挥的意义，就相当于爱因斯坦之于物理学，他们是各自领域的最佳代言人，几乎与各自的学科齐名。

1867 年，托斯卡尼尼出生于意大利帕尔马，是首位享誉世界的伟大指挥家，他的指挥生涯一直持续到大约 85 岁，随着年龄的增长，他的名气也越来越大。托斯卡尼尼是意大利斯卡拉大剧院、纽约大都会歌剧院、纽约爱乐乐团、NBC（National Broadcasting Company，美国国家广播公司）交响乐团的音乐总监，众星云集的 NBC 交响乐团更是为他专门设立频道，通过广播和电视为那些没有听过音乐会的美国民众传播古典音乐。他的名字和一箩筐的八卦轶事已经远远超出高雅的音乐鉴赏家的圈子，成为流行文化的一部分。然而他是个复杂的人，并不容易理解，这一点从他在排练和正式演出时表现出来的差距就能明显地看出来。

在排练朱塞佩·威尔第（Giuseppe Verdi）歌剧《茶花女》（*La Traviata*）的序曲时，托斯卡尼尼用他粗哑的声音跟着小提琴一起歌唱，很显然，他希望乐手们也一起合唱，从而让他们的演奏品质持续下去。他期望每一秒都注入最完美的表现力，让指挥和乐团全身心沉浸于音乐中，最终协调一致。突然，有件事情让他不高兴了，原来是他的手势示意"快一点"，但乐团却没有统一响应，于是演奏不一致了。托斯卡尼尼喊道："看着我！"然后，几乎是马上爆炸了。"低音提琴！"他指着违规者声嘶力竭地喊道："你这头懒牛！快点！快一点！"托斯卡尼尼的脾气是出了名的暴躁，他情绪开始失控：咒骂、尖叫、人身攻击、扔东西、威胁要离开（然后他就真的走了）。在他连珠炮似的责问中，出现频次最高的句子就是："丢脸！"谁丢脸？通常是他自己。当乐手令他失望时，他会气愤地说："以后我再也不敢公开露面了。"整个"家族"的荣誉岌岌可危，而托斯卡尼尼把自己当作"一家之主"[①]。

忽略了界限的家庭型领导者

托斯卡尼尼是个拥有诸多差距的人，他的领导风格是时代塑造的结果，他生活在独裁者统治的年代，他是一位强烈反对法西斯主义和任何压迫的斗士。

[①] 《一家之主》（*Padre di Famigla*）是意大利著名喜剧电影。——编者注

　　乐手们尊敬托斯卡尼尼，通常也很怕他。他们爱他，或许是因为他对自己也一样严苛：只要他犯了错，就会痛苦万分地咒骂自己："我真是蠢爆了！"然后困在自我折磨的痛苦中。他们爱他，或许是因为尽管托斯卡尼尼对他们大吼，也绝对不是针对某个人，他从来不会贬低任何人，他气的是乐手们没有完全发挥出各自的潜能。托斯卡尼尼会大喊着"我已经付出了一切！"以期待乐手也能同样倾注全部。他无法容忍乐手不完美的表现，因为他深信他们是具备天赋的，还因为他对自己的承诺。他之所以大吼，是因为破碎的音乐令他深感痛苦，而这是他与乐手们必须共同承担的责任。

　　不过，音乐使托斯卡尼尼成为不折不扣的双面人。尽管他在排练时十分狂野，但是等到正式演出时，他会变得极为沉静，甚至是压抑。看他演奏时的表情就能感受到他的紧张和防御心理，他甚至面带担忧。他相信乐手却又担心他们，就像慈父看着自己的孩子做着复杂，甚至略带危险的工作一般。当乐手成功时，你可以感受到他的自豪，几乎让人忽略他还有个"超我"等着处罚那些越界的人（这方面，他或许更接近穆蒂的独裁型控制），这也是为什么托斯卡尼尼像父亲般发脾气的"小事"会被写进音乐趣闻，而不会因为对乐手恶语相向而被告上法庭。只有一次例外，托斯卡尼尼生气地把木制指挥棒折断并扔向乐团，砸中了某位乐手的头。那位乐手将他告上法庭，意大利法官却判托斯卡尼尼无罪，理由是"他的愤怒是神圣的"。

可以说，托斯卡尼尼是在乐团中成长的——他原本是巡回歌剧团的一位大提琴手，直到绝望的同事请他替失败的指挥代班，拯救面临生计困境的他们和后续在南美洲的巡回演出。当我们思考托斯卡尼尼后来与乐团的关系时——在我看来，它是以家庭模式为基础的，别忘了他当时只是个年仅 19 岁的乐手，经历过"家族衰落"的艰辛，被迫接下"父亲"的角色。从此之后，他不愿辜负"家人"，无论是他自己还是乐手，再多的努力和付出都不够。

这种家庭型的具有保护性的领导风格，可以促使组织中形成信任、安全和团结的氛围。托斯卡尼尼非常严厉，但很公平。在排练时，他严守纪律，却不会反复无常地提出各种要求。他认为乐手必须全神贯注，不能被打扰，也不能中断。他的做法是尊重乐手的努力。他非常准时，总是提前 15 分钟到场，而且从不要求任何特权。

乐手们渴望为"父亲"而力求表现，就是他们迈向成功的强大动力，从而激发出卓越的表现并取得成功。以下的可爱趣事捕捉到了无比美妙的一刻：

托斯卡尼尼挥舞着指挥棒敲出刺耳的声音，
NBC 交响乐团的排练戛然而止，乐手们盯着乐谱架，微微低垂着头，等待着暴风雨的降临。这位指挥大师要求刚独奏完的低音号乐手威廉·贝尔（William Bell）再演奏一次，贝尔的表情充满了担忧与惊讶，托斯卡尼尼注意到了他困惑而忧心忡忡的神情。

他连忙说："不、不、不！"脸上挂着宛如孩童般的笑容，散发出掩藏不住的光芒，他说："没有什么问题，再演奏一次，拜托了，请为我再演奏一次，太美了，我从来没听过这段独奏曲有这么可爱的音色。"

可爱。不过，当"父亲"角色和"家人"角色之间的界限太过模糊，以至于他的问题或缺点阻碍了其他人的发展，或者侵害到其他人的权利时，会发生什么呢？另一件轶事令人不安，因为他的真实家庭和音乐家庭之间缺乏界限。

有一天晚上，托斯卡尼尼因为当晚歌剧团的演出没有达到预期效果而对自己很不满。他回到家中，家人正在等着他共进晚餐，一看到那张餐桌，他大叫道："什么？在那样的表演之后？噢，不，不会吧！绝对不能让别人知道我们家在这么糟糕的表演之后还吃得下饭！"最后，全家人只能和他一起自我惩罚，饥肠辘辘地上床睡觉。

在大多数家庭中，在确保可接受的行为模式和维持团体一致性方面，羞耻感和罪恶感都扮演着重要的角色。在更加传统的社会里，它们的影响更加深远，权威大多源自古代或超越时代的祖先之灵或古老的传统，甚至来自上帝之声。"上帝告诉我这首曲子听起来应该是什么样子，可是你们却阻碍了我。"我想，当托斯卡尼尼大喊出这句话时，他绝对是认真的。

另一方面，尽管这种家庭型领导风格可能亲密到令人不舒服，却能让下属产生一种安全感和幸福感。这也解释了为什么当商业领导者感受到外在威胁时，这种风格就会很流行。在 2001 年出版的《像家族一般的企业》（*The Corporation as Family*）中，作者妮基·曼德尔（Nikki Mandell）描述了像托斯卡尼尼一样的领导者对公司获利的助益。

> 在工会大幅成长时期，大企业把员工当作家人，利用这种技巧去保护自己的利益，通过改变工作条件、提供教育与社交机会，以避免员工加入工会。

作者认为，这种盛行于企业之间的做法，是以维多利亚时期的家族为范本的：老板是"父亲"，女性"福利管理者"是"母亲"，工人是他们的"孩子"。当业务受到某种方式的威胁时会产生一种感觉，"老家伙"会处理一切，这个"老家伙"关心整个公司，不只是他手下的主管还有高层管理人员，他甚至关心整个社区。在他看来，他的公司不仅生产小部件，还要举办野餐等其他拉近彼此关系的活动。没错，尽管老板常穿着在米兰定制的西装，他也可以穿上马德拉斯棉制短裤和上夜班的员工来场排球比赛。

夸德/制图（Quad/Graphics）是位于美国密尔沃基（Milwaukee）的大型印刷公司。已故创始人哈里·夸德拉奇（Harry Quadracci）每年在员工活动上都会表演威廉·吉尔伯特（William Gilbert）和阿图尔·沙利文（Arthur Sullivan）创作的小歌剧，并针对公司趣闻或时事重新谱写歌词，他担任主角，配角则由其他管理人员扮演，由员工和家属为他们的表演打分。在这种特定环境下，他们成为弱势群体，即使表演得很烂（事实上是烂得好笑），也需要肯定和掌声。实际上，这种做法是为了打破层级之间的隔阂，借助夸张的舞台灯光传达出"我们在一起"的信息。

这种基于家庭式的企业文化能否成功，很大程度上取决于扮演关键角色的人，也就是父亲（或母亲）的个性。

曾经有位朋友介绍我认识了一位总裁，他在美国东部的一家大型家族企业掌舵已久，他告诉了我继承家业第一年时的情况：他的父亲也是继承他祖父的家业，而他祖父就是公司的创始人。

这位初出茅庐的总裁当时才20岁出头，员工的反应令他忧心忡忡，所以他决定效仿前两位总裁的做法，对着每个人大吼大叫。

事实上，他忽略了一件事：和托斯卡尼尼不一样的是，员工们欣赏前两位老板，是因为两人为了理想而倾尽全力，而且有着强大的专业技术知识作为后盾，因此，即使他们偶尔发一次脾气，员工也会认为是自己没有达到老板的高标准要求。但是对于这位急于效仿的年轻老板而言，他的坏脾气令有经验的老员工们对他没有了好印象，他们认为这是咒骂式的管理风格。幸好他很快从错误中吸取了教训，如今，他仍然把自己当成慈父般的人物，并将员工当作自主的成年人，而不是需要指挥的孩子。按照他的说法，他依然很"情绪化"，但是他发脾气是从"专业"的角度出发的，员工们认为那是他全力付出而应该有的正常反应。除此之外，"情绪化"也有其另一面，当员工的成功令他感动时，他也会情绪高昂。

人身攻击和专业批评之间的分寸很难界定。当然，更糟糕的是，当这条界限一清二楚时，领导者却情绪失控，针对个人发动猛烈而有破坏性的攻击。

1987 年，乔布斯还不是家喻户晓的人物，当时《纽约时报》报道中称："在 20 世纪 80 年代初期，苹果公司内部已经十分痛恨乔布斯了，高层管理者必须忍受他的坏脾气。某些员工被他捧为明星，某些员工却要遭他侮辱。他经常令员工委屈落泪、心生怨恨。乔布斯自己也常常在与公司主管吵架后落泪。"

这一切对我来说都非常熟悉，在我学习指挥时也曾掉过眼泪，也曾险些被摧毁自信。这让我明白，作为教师或领导者绝对不该做哪些事情。

我曾在耶路撒冷跟随指挥家门迪·罗丹（Mendi Rodan）学习指挥。他是指挥管弦乐团的资深教授、一个严肃的专业人士，而我只是一个在希伯莱大学受过些许音乐训练的哲学系学生，我希望快乐地在自己业余的领域里学习。我们之间有差距，罗丹希望用只有他知道的方式来缩小差距，他的领导方式是把学生放在他的模子里，直到学生达到可以获得称赞或支持的水平。虽然他无法把我塞进他的模子里，但我依然拜他为师，直到拿到指挥专业硕士学位。我的想法是：越痛苦，收获就越多。无法取悦他是我的过错，但由此我们却变得很亲近，虽然是以一种奇怪的方式，就像竞技场上无法放过彼此的两位摔跤手。有时，课上到最后，我在哭，他也在哭，就像是一个失衡的问题家庭，但是我们仍无法切断彼此的联系。我给不了他期望的扎实的专业功底，他也无法因为觉得教我只是浪费时间而放弃我，又或许他只是无法承认自己的失败。充满权威的老师只能依自己的性格来衡量成功与否，我就是个典型案例。他不知道学生可能会有各自的学习需求，但是却很清楚一名"毕业生"该学习些什么，这恰恰与"无知"相反，他知道每个学生必须具备哪些能力才能找到方向。罗丹可以让你成为合格的"毕业生"，却无法让你成为指挥大师。

罗丹就像"父亲"一样，他没有恶意，他对音乐和教学的热情并不亚于托斯卡尼尼。不过，如果热情掌握在极具破坏性的权威人物手中，或许将成为极其恐怖的工具。

新家庭，打造家庭式企业文化的新潜能

家庭观念可以不包括任何羞耻感或罪恶感吗？总之，旧的家庭模式在现代企业已经行不通了。原因有很多，包括企业规模变大，老板和员工之间产生阶层隔阂，更不用说待遇差距持续扩大，管理层和员工的流动频率与日俱增等问题了。然而，我们还是经常听到"我们就像大家庭一样"的说法，真正以家庭为基础的企业文化还有希望吗？这个如此符合直觉，让企业听起来如此强大、稳定、包容、有同理心和关怀的承诺，却注定只能沦为招聘时空洞的噱头，就像宣称每年都会组织公司团建，实际上却往往无法实现一样。

家庭型企业文化的潜能可能来自"新家庭"。在这个更开放的家庭观念中，孩子可能有多位家长（通常是1~4位，性别不限），以及人数至少两倍以上的祖父母，更不用说还有多位兄弟姐妹和其他亲戚了。同样，在矩阵式组织中，软件工程师可以是多个产品开发团队的成员，对不同的主管负责，在公司各个部门的薪资也不一样。显然，在这些新机构中，旧家庭模式的松绑和改变也带来了一些稳定优势。不过，一旦家庭模式有了新变化，这种灵活性对于想产生"家庭感"的新组织来说就大有助益了。**新家庭不再以固定的角色、合拍的性格来定义，而是由组织内部的成员自行选择所形成的关系来定义。新家庭不会用架构的形式强制施加某种关系于员**

工，而是让员工选择最能长期维持有意义的关系的方式，并
有意识地加以利用。

如果托斯卡尼尼以新方式领导"新家庭"，并且一如既往
地投入感情，他会怎么做呢？在以新家庭为基础的企业文化
中，领导者不会将自己的情感施加在他人身上，也不会期望
他人必须感受到什么以作为回报。相反地，他必须让员工自
主选择这种关系。发生这种情况的主要条件，是员工投入的
责任感要超越纯粹的专业领域，也超越日常的工作关系。

托斯卡尼尼把他与真实家庭的关系模式复制到管弦乐团
上，从而实现了旧的家庭模式。**新家庭模式不仅需要领导者
利用自己的家庭经验，而且需要每个成员也必须利用自己完
整的家庭经验，将其过滤之后融入职场生活中。**不管快乐与
否，每个家庭都不同，领导者的职责就是维持一个空间，让各
式各样的生活经验可以具体化，融入组织的独特文化中。**这
种文化注定会不断流动、不断受到审视，受到所有关系人的
价值观、情绪、信念等因素的影响，不是让成员被迫地接受
"家庭"，而是主动地创造家庭。**

善用差距和基调倾听，让新家庭从中获益

当然，现实生活中的家庭和工作中的家庭仍有差异。不

过我想，这样的差距并不会削减支持这种模式的论述，正如我们之前所提到的，善用差距并不是缩小差距或假装差距不存在。**从差距中获益的方式，是持续意识到差距并倾听周围人的意见。**

- 首先，我们身为组织中的一员，应该自问："我的家庭价值观是什么？"

- 其次，"我会在多大程度上将其融入工作中？"在我列出的对家庭认知的长长的列表中，我发现自己会努力帮助家人创造美好的生活空间，并且相信，发现"美"是美好生活的一部分。

- 最后，"我愿意在工作中也如此付出吗？"当然，这也包括如何让家庭变得更美好的想法和做法——我可以把这种协调的方式、接受他人意见的开放心态带入工作中吗？

管理者的挑战是要通过主题倾听让每个人都参与进来，超越个人的思维状态，进入组织的领域。管理者都应该自问：现在的企业文化对于"家庭"的稳定、同理心和成员之间的相互支持等主要问题来说，开放性如何？或许领导者需要直接介入，在组织中创造空间从而更能支持这些价值观。家庭关系靠同理心凝结，但它面对攻击和讽刺时却相当脆弱，即使没有被直接否定，也可能在尚未对文化造成影响之前就完全消失。领导者面临的挑战是要倾听并呼应成员们的这些贡献，让吸收并转化价值的过程能够继续下去，这也是"现代托斯卡尼尼"会投入全部热情，永不妥协之处——**支持这个脆弱且艰难的过程，探索不同家庭中真实观念的差距，让家庭成员在他的领导下享受真诚的家庭文化。**除此之外，不断处理真实家庭和工作家庭之间的差距，对于正在探索的人而言，或许这是另一个层面的进步，因为这个学习过程将影响到两个家庭，促使它们互相审视，所以通过差距更容易学到新的事物。

The Ignorant Maestro
本章小结

1. 家庭型的关系靠同理心凝结，它在面对攻击和讽刺时相当脆弱，即使没有被直接否定，也可能在尚未对文化造成影响时就完全消失。

2. 基于家庭型的企业文化能否成功，很大程度上取决于扮演关键角色的人，也就是父亲（或母亲）的个性。

3. 家庭型企业文化的潜能来自"新家庭"，新家庭不再以固定的角色、合拍的性格来定义，而是由组织内部人员自行选择形成的关系来定义，新家庭不会用架构的形式强制施加某种关系于员工，而是让员工选择最能长期维持有意义关系的方式，并且有意识地加以利用。

4.家庭型企业文化中的领导者要倾听并呼应下属的贡献，让吸收和转化价值的过程能够继续下去，支持这个脆弱且困难的过程，探索不同家庭中真实观念的差距，让家庭成员在他的领导下享受真诚的家庭文化。

5.不断处理真实家庭和工作家庭之间的差距，这个过程将影响到两个家庭，促使它们互相审视、跨越差距，使人收获更多新知。

THE MANAGER'S CHALLENGE IS TO ENGAGE EVERYONE BY EXERCISING KEYNOTE LISTENING BEYOND HIS PERSONAL STATE OF MIND AND INTO THE ORGANIZATION'S SPHERE.

管理者面临的挑战是要通过基调倾听的技巧，超越个人心境，
让每个人都参与进来，进入公司的领域。

The Ignorant Maestro

6 照本宣科的规则型领导者：
理查德·施特劳斯

演奏音乐的你不是主角，你不该太过热切或刻意努力，或是有自己的观念或想法，意图去改变做事情的方式。

20 世纪最伟大的指挥家之一，
理查德·施特劳斯（Richard Strauss）

照谱演奏，不许有自己的诠释，只能执行。
身为指挥家，他只要监督已完成作品的
"再创作"。他小心地以先验主义否认差距
的存在，才能让这一切发生，乐谱和演奏
一开始就不可能有差距，因为他不接受任
何个性化的诠释。

在那个政客们因为在电视上的表现而崛起或陨落的年代，视觉印象似乎是至关重要的。当我在讲座中播放理查德·施特劳斯的指挥片段时，听众们迅速且毫无疑义地对他的领导风格做了判断，那便是令人发笑。想和他成为同事的人不多，只有少数人愿意成为他的下属，原因只有一个——他很无能，下属想做什么就做什么，他从不干涉。难道是我们错过了什么没有看到吗？毕竟与理查德·施特劳斯同时代的人都称赞他是位非凡的指挥家，可是为什么没有留下视觉上的证据呢？

毫无疑问，理查德·施特劳斯（1864—1949 年）是 20 世纪音乐界的卓越人物，最重要的是，他创作的作品是世界上所有大牌歌剧院的固定演出曲目。其中，《埃莱克特拉》（*Elektra*）

和《莎乐美》（*Salome*）等作品更是利用管弦乐团的乐音和其他大胆、新颖的思维突破了歌剧的界限。这位作曲家兼指挥家的后半生堪称一部伟大的歌剧，特别是他和纳粹第三帝国错综复杂的关系。

然而，尽管理查德·施特劳斯的人生和音乐都很戏剧化，但是他的指挥风格却并非如此。我们很幸运地看到一些留存的指挥片段，视频拍摄于 20 世纪 40 年代初期，当时整个世界烽火连天——视频中的他已年近 80 岁。当交响乐团演奏他的作品时，理查德·施特劳斯目光低垂，表现出某种程度的抽离，仿佛半睡半醒，遗世独立，只是偶尔睁开眼睛，非常迅速且专注地看了一下乐团的某个部分。

大多数时候，理查德·施特劳斯的手部动作微小且单调，有几个特别明显的动作都是因为声音而做出的反应：他似乎被突然响起的定音鼓吓到了，然后他举起左手，像是要乐团的另一边小点声音。但我们看到他的指挥并不积极，没有先发制人的指挥动作，只是把管弦乐团往回拉，他的手势似乎在说："过头了，快回来。"难道这是因为在录像拍摄时理查德·施特劳斯已经垂垂老矣，所以才毫无参与的热情吗？亦或是他已经筋疲力尽了？还是因为那就是他的领导风格呢？

照谱演奏，不接受任何诠释

青年时代的理查德·施特劳斯给了我们答案，他以半幽默的风格写下"致青年指挥家的十大黄金准则"，这是他一贯的风格，旁人不知道他究竟是认真的还是在调侃挖苦，我想两者兼而有之。这份清单里有一项简单的准则是"不要流汗"，还有其他令人困惑的准则，比如"不要看长号手和其他铜管乐器演奏者，那样只会鼓励他们吹得更卖力"。结合这两项我们就能看出，他看待自己和音乐家的角度是相当有趣的。理查德·施特劳斯说：

> 我不是主角，我并非在表演，也不会投入精力，更不会成为乐手或听众的灵感来源，所以我不流汗；演奏音乐的你也不是主角，你不该太过热切或刻意努力，或是有自己的观念或想法，意图去改变做事情的方式。

那么，主角是谁呢？从理查德·施特劳斯的指挥方式可以清楚地看出答案。他经常翻动乐谱，即便是他创作的乐曲也不例外。显然，他不需要别人提醒那是他自己创作的作品；他之所以查看乐谱，只是确保大家知道权威的来源。所以主角是乐谱，是纸上的那些音符。言下之意就是，指挥也要臣服于乐谱的权威之下（即使这乐谱是他自己创作的）。

"照谱演奏！"这位作曲家和指挥家如是说，不能有自己的诠释，只能执行。作为指挥家，他只是在监督已完成作品（在这种情况下是指他自己创作的乐曲）的"再创作"。

对于他的合作者，也就是乐团的乐手，理查德·施特劳斯完成任务的方式是一种轻松的、值得信任的专业精神和一些轻松的讽刺。他小心地以先验主义否认了差距的存在，乐谱和演奏从一开始就不可能存在差距，因为他不接受任何个性化的诠释。

乐团里也不存在个性化的差距，因为他认为乐手们都是专业人士，应该把个性化问题留在门外。理查德·施特劳斯自己也表现出同样超脱的、客观的态度。

他避免了直接控制，巧妙地避开控制所产生的差距。他对乐手展现出完全的信任，只对错误做出批评。理查德·施特劳斯通过这种方式让乐手获得了自信，并拥有很好的自控力。

基于执行的狭隘信任

"信任"通常与"缺乏控制"有关，因此也和"自由"有关。我们一直以为信任是一种美德，可是信任只在特定情况和特定界限下存在。理查德·施特劳斯相信他的乐手会遵守规则，而不是质疑规则。如果我们跳出音乐的框架，看看 1930—1940 年理查德·施特劳斯在德国的生活环境就不难理解，在那个可怕的年代，他为什么会相信人们遵守规则而不去质疑规则。

然而，即使是在执行范围方面非常狭隘的信任，也能够产生积极的回应。乐手们感到自己的专业水平受到赞赏，当然，理查德·施特劳斯身为伟大作曲家的美名，令这种感觉更加强烈。就连他所认为的"演奏太过热情和有主见"，乐手们也能容忍，因为他也经常嘲讽自己。他曾经自嘲说："我或许不是一流的作曲家，但我是一流的二流作曲家！"的确，没有差距，毕竟我们都是平凡的。

理查德·施特劳斯可以创造出什么样的表演状态呢？官僚主义中"遵循规则"的典范，再加上个人的超然态度，真能发挥出音乐创作的全部生命力吗？

实际上，乐团在录音演奏时，消除情感的放纵才能展现出乐曲的结构——就像现代建筑避免装饰，让建筑结构的特征更清晰一样。结构是作品的客观属性，而情感则较为主观，会因为参与的人的区别而有不同的表现。理查德·施特劳斯是作曲家，指挥自己的作品时会特别希望捍卫结构，避免乐手过度诠释。他的成功是以乐于在演奏时不带丝毫情感为代价的，很少能完全实现乐曲的情绪潜能。对管理者来说，这是值得学习的重点：当他完成了"创作"工作的计划之后，希望能够看到这些计划"不受破坏"地被执行下去。然而，拒绝他人的诠释是要付出代价的。**在计划执行阶段，管理者制订的计划可能会因为他人的诠释而变得更加充实。**

刻板的规则阻碍创新和长远的成功

看过视频之后，观众仍说不出理查德·施特劳斯领导风格的优点，即使是感兴趣的听众，也只能在回顾时真正欣赏结构和一致性。我曾在纽约与高盛集团的员工见面，他们都热衷于结构和一致性，因为在恰当运用严格的金融专业知识时，几乎没有人怀疑他们会过度情绪化，不过即使是高盛的员工也无法喜欢上理查德·施特劳斯。

那天，来自世界各地的 356 位刚刚晋升的董事和总经理纷沓而至，他们搭着轮渡渡过哈得孙河，从曼哈顿的酒店来到泽西市的高盛会议中心。当时寒风刺骨，轮渡又比平常延误了一些时间。不过，对于这些新任董事和总经理来说，这只是小小的不便，因为他们从中国香港、法兰克福、东京和伦敦不远万里来到这里。考虑到未来他们都将接受新的职务，因此公司邀请我与他们谈谈领导力。

他们是一群非常聪明的人，非常清楚遵守规则的重要性。

从事先的邮件往来和电话会议中就可见一斑，上传下达的流程冗长到非同寻常的地步。所有提出和同意的事项，即使持有强烈的兴趣并赞同，也必须经过公司管理层的多次反复确认。我注意到我的伙伴们很小心，不想表露出太多的个人爱好或兴趣——他们认为流程必须放在第一位。

当天上午的会议围绕公司政策和伦理问题展开。根据我后来从与会者那里搜集的意见，演讲者几乎是理查德·施特劳斯的各种翻版，他们的演讲直接且按照规矩清楚地说明了高盛在 21 世纪的运营原则。

我走进高盛会议中心，感受到的是秩序感和精确性，安全保卫严密，预定的行程不可更改，日程安排精确到分秒不差。整个会议中心洋溢着自豪而坚定的企业文化。然而，有些事务似乎与之格格不入，那就是我。比如，负责这次会议的主管谨慎而又怀疑地询问我："你真的要穿牛仔裤吗？"他显然没有预料到我会做出这种冒犯高盛文化的行为，幸好另一位主管插话进来给我解了围，"这样他就不必费心解释两种职场文化的差异了！"既然我有穿牛仔裤的正当理由和作用，会议就能继续进行了。

我记得当我站上讲台的那一刻，放眼望去，台下是一片深蓝色的海洋，偶尔有一些灰色和黑色点缀其中。我的挑战是与这些躲在西装里的男人和女人们对话，因此开场必须打破更多规则，不只是为了有趣，还需要拉开必要的差距。

我在高盛完成的第一件事就是移动家具。当大家围坐在宴会桌旁时，至少有 1/3 的人不得不伸长脖子才能看到我。于是，我要求坐在那些位置的人和最后面的高管拿起椅子离开他们的桌子，往舞台旁边靠拢。我说："我请求大家这样做，这样我们更容易交谈，这是我们的地盘，我们想怎么样就怎么样！"不过，没有人动。显然，这里有不成文的规定——遵守规则，待在盒子里。名牌放在哪里，人就坐在哪里。最后，一位颇有冒险精神的家伙拿起椅子向我走来。事实上，没有任何人站起来说他这样违反了什么规则，会遭到解雇。于是，其他人也开始照做，很快，讲台周围排满了椅子，既美观又舒服，然后，我们就开始了交谈。

当我开始演讲时，重新布置的场地似乎让听众也放松了一些，我邀请他们随时加入，并且解释我们要一起"无知"的观点。

当我聊到如何取悦客户时，那些本来低头看着咖啡的人马上抬起头来，看来他们对这个话题感兴趣。"你们的客户，"我说，"你们还有一些客户，对吧？"有些人笑了，其他人则看看周围，仿佛在犹豫该合群一点笑出来，还是保持缄默更明智一些。后来，我们逐渐地引入了一些简单的音乐演奏话题，并针对我介绍的几位指挥家和大家一起来分享彼此的想法。这时，他们变得更加放松了，而我也在讨论这些话题时获得了前所未有的认识。

我和他们玩起那个有关指挥家的游戏，请他们选择一位指挥家做老板。有趣的是，没有人喜欢理查德·施特劳斯的领导风格。"他很乏味。"人群中传来声音。还有些人说道："他只是在等自己的退休金。""他无法激励员工。"还有许多类似的评价。（但这都比不上我最喜欢的那句评价，那是与医院管理层进行的一次会议，会议中有人问："这段视频是在理查德·施特劳斯生前还是过世后拍摄的？"）总之，356个人当中，没有一个想被这位只会照谱演奏的人所领导。而且，这次为期两天的高盛座谈会的组织者也不愿意。或许这正是他们邀请我的原因，他们知道，作为一位古典音乐家，我也必须按照乐谱演奏，但我的成功有赖于把乐谱作为一个起点，而不是通过它完成一项使命。

当我的演讲进行到1小时15分钟时，组织者开始在宴会厅后方举起牌子，一开始是"15分钟"，接着变成"5分钟"。我想起管弦乐团后面敲钹的乐手——在乐团演奏时，他们通常只需等待，等待他们的时刻来临，然后"砰"地敲一声完成工作。当然，这还是有点不太一样，因为钹手不是机械运转的时钟，不会完全无视音乐演奏的节奏。实际上，钹手始终在认真倾听音乐，让钹声在时间点和音调上都能成为作品的高潮，如果敲在错误的时间点上，就会毁掉整个乐团的努力。可惜高盛那位举牌的组织者只是刻板地守时，这也是我为什么必须忽略他传达的信息，面带歉意地微笑，然后让演讲超时的原因。我做的这个决定远比准时拍集体照和参加晚宴更加重要。当他们完成思考的过程后就会明白，我并不是不遵守"规则"，我做的决定符合大家在演讲中达成的共识——规则只是开始。

我还想起有一次是我由于要求大家遵守规则，而违背了自己的意愿，也违背了项目的最佳利益。

20 世纪 80 年代有一种颇为流行的音乐形式：交响乐团与摇滚乐队联袂合奏。特拉维夫交响乐团与当时以色列的摇滚乐队 Friends of Natasha 大胆合作。我很喜欢他们的音乐，我相信合奏不会只是个噱头，还会产生艺术上的附加值，但是我没有料到实际执行时彼此之间的差距，导致取得的结果根本就是一场灾难。

交响乐团的排练时间成本很高，因此通常有所限制。乐手合约中会事先注明每个月排练时间的上限，以及参加几场演出。这样做的目的是希望乐手有足够的时间练习，以便持续提高自己。可是摇滚乐队却并非如此。

我与这支摇滚乐队见了几次面，也看了他们的演出，双方对这次合作都倍感兴奋。为了确认他们都知道排练时间，我说："明天见！我们 9 点开始！"他们点了点头。排练时间安排在上午 9 点到 12 点之间，但是直到 11 点左右他们才到场，我当时的焦灼感可想而知，我说："你们知道我们只能排练到中午 12 点吗？"

他们以为我在开玩笑，回应道："只到 12 点是什么意思？我们不是应该练习到双方满意为止吗？"当然，他们说得绝对没错，但是不符合交响乐团的"那本乐谱"（即规则）。大家还有其他的义务，比如接送孩子上学、教授音乐课等。这样的情况令人非常失望，双方都觉得不被尊重。虽然我们还是在这段时间里进行了一次功能性的排练，但合作并不愉快。

身为音乐总监的我却无计可施，因为我认为"那本乐谱"更强大。其他乐团也有同样僵化的文化，我只能从这一点上获得些许安慰。我记得曾在一次以色列爱乐乐团的排练中获得过深深的挫败感。年迈的伦纳德·伯恩斯坦正以极大的激情全身心地投入指挥，他闭着眼睛完全沉浸在音乐里，那是一首马勒交响曲的结尾部分。他暗示法国号要吹响最后一声痛苦的悲鸣——然而号声并没有响起。于是他惊讶地睁开眼，发现吹法国号的乐手已经回家了，当时是下午 1 点 04 分，而排练应该在 1 点结束。

那么在实际情况中，为什么有许多管理者和员工即便清楚僵化地遵守规则的弊端也要坚持"照谱演奏"呢？为什么不根据常识，只把"这本乐谱"当作指南呢？我想是出于恐惧——

害怕出错和业绩下滑。一旦允许"乐谱"和执行之间展开差距，就无法再控制它了。即使只是微小的差异也有可能导致全然的反叛。员工就像管弦乐团的乐手那样害怕被剥削；老板则像施特劳斯一样害怕失去控制。毕竟，"这本乐谱"让人有安全感。

可惜，这种安全感并非真的安全，它阻碍了创新和长远的成功。有一家知名企业的故事或许可以帮助我们了解其中的复杂性，这家企业就是英特尔公司（Intel Corporation）。

接受差距，让创意生发

英特尔是其所在行业内最大的企业，它的研发部门也相当庞大，在那里有约 82 500 名员工生产微芯片。英特尔发布了一份使命宣言："通过不懈地向大众提供工作与生活中不可或缺的科技平台与技术进步，让顾客、员工和股东满意。"但是，随性放任的现实通常不是通往"喜悦"的道路。

不久前，我在英特尔的以色列制造工厂为年轻的团队领导者们做了一次演讲。当我开始播放视频时，我发现天花板上有一盏灯让我很难看到屏幕上的图像。于是，我停止演讲，找了把椅子站上去把灯泡拆了下来。令我惊讶的是，听众发出了强烈的抗议——"不可以这样做！"他们一起喊道，好像我发现了英特尔公司保险箱的密码，要把所有值钱的东西都拿走一样。"公司里有专门负责灯具维护的人！""其他人不能随便把灯具换下来，这种事情是有规定的。"我被告知凡事都有规则。

为什么我会很惊讶？因为在以色列，虽然大家都觉得规则很重要，但不知何故，规则似乎永远不会适用于自己的特定情况。比如每个人都应该排队，不过有人会说："我只有一个小问题而已，所以不用排队！"或者有的人在违章停车被警察抓到时说："我只停了一秒钟，把我妈妈送下车，她都82岁了，所以我不会缴罚款！"他们把同样散漫的态度应用在物理定律上："这个设备的标签上写着只能在室内使用。我可以用塑料把它包起来放在室外使用，反正今年冬天也不常下雨。"当然，这里时不时地就会发生很糟糕的事情。但恰恰是因为以色列人常常即兴发挥，攻击破坏各种系统，催生了以色列"创新之国"的美誉。这就是英特尔在以色列设立研发中心时所面临的地域文化。当然，创造力是英特尔的主要资源，但必须受到限制。在以色列的英特尔公司，在制造芯片的工厂，甚至在会议室，都没有即兴发挥的空间。员工只能遵守规则，这与以色列精神形成了鲜明的对比。

英特尔以其"自律的工程师"为傲。据公司内部人士透露，英特尔所追求的是"有规则的创新"——可以创新，但只能在遵守规则的前提下进行创新。这些规则据说是为了确保与其他生产同类产品的团队和其他英特尔产品的兼容性而设置的。

　　一位英特尔管理者告诉我，他的团队中有个成员想出了一个新功能，可以整合到下一代芯片中——这是个绝妙的想法。这个人根据顾客的需求，与顾客合作开发了这一功能，但可惜的是，他没有遵守英特尔的规则，因为他的产品无法确保与其他英特尔顾客的机器兼容。不仅这个绝妙的想法没有被纳入下一代英特尔的产品中，而且公司也因此错失良机。后来公司只能开发出另一个"符合规则"的解决方案。在这个案例中，正是不符合规则的创新扼杀了创新，因为那个产品从未到达顾客手中。

　　针对这个问题，英特尔想出了巧妙的解决办法：不是制定更多规则来鼓励工程师去遵守，而是创立"T人才"的新职位，他们在系统中的角色并非管理其他人，而是管理创意——促进和利用自由的创新，确保创新的点子符合规则，进而落实到英特尔的产品中。英特尔的解决方法很高明，因为它兼顾了创新和规则，没有让规则妥协，而是为创新开辟了一条辅助性通道，从而使规则不会阻碍有创造力的工程师。

　　所以"乐谱"不可或缺，对英特尔来说是这样，对理查德·施特劳斯来说亦是如此。

　　不过严格地说，并没有所谓的"照谱演奏"，因为每一本

乐谱都需要诠释。换句话说，**诠释并非是拥有自我驱动力的
个人所沉溺的奢侈享受——它是绝对必要的。**只有少数案例
有唯一的解读，比如宜家（IKEA）产品的组装说明书。即使
是法律或法规等精心编写以避免产生多重解读的文字，也往
往免不了被误读，因为真实的情况太过复杂多变了。这就是
为什么会有法庭和交响乐团这样的组织——它们负责对复杂
的事物加以诠释。因此，我们可以看到法官会有不同的意见；
底特律交响乐团演奏贝多芬的第五交响曲只需要 32 分 46 秒，
而柏林爱乐乐团却要多演奏 2 分钟。的确，我们经常需要把
自己放在那个陡峭的斜坡上，放在开放的差距中，不断重新
审视自己的诠释是否正确。然而，这远比生活在否认差距的
生活中要好得多。

　　每一天，生活都让我们学到新的道理。即使是你的伴侣
要求你去超市"买两个酸奶"，你也可能会面临很多选择：全
脂、低脂、脱脂，还有希腊风味、美式风味或法式风味等。如
果伴侣给的"乐谱"中充满矛盾和冲突，该如何照谱执行呢？
你不知道该如何诠释，只能打电话询问对方，得到答案后的
你松了一口气！可是如果你大胆地决定买哪种口味的酸奶呢？
风险是存在的，但是新发现总是伴随着风险的——即使你的
组织完全规避风险。**减少风险更好的做法是接受差距，也就
是新的诠释，并创造一个彼此信任的氛围，在那里，每个人**

都可以分享并尝试新的想法。即使这些人失败了（事实上他们很快就失败了），也不会付出巨大的代价。虽然照本宣科的规则型的领导者不愿意承认，但他们一定会通过这样的过程意识到并萌发出一些不错的创意。

The Ignorant
Maestro
本章小结

1. 规则型领导者放弃直接控制，高明地避开因控制而产生的差距，给予下属仅限于执行的狭隘信任，是官僚主义中"遵循规则"的典范。

2. 当规则型领导者"创作"完成工作计划后，希望能够看到计划"不受破坏"地执行下去。然而，拒绝他人的诠释，计划很可能无法变得更充实，也就阻碍了创新和长远的成功。

3. 事实上，没有所谓的"照谱演奏"，因为每一本乐谱都需要诠释。新发现总是带着一些风险，减少风险更好的做法是接受差距，也就是新的诠释，并且创造出彼此信任的气氛，让每个人可以分享并尝试新点子。

THERE IS NO SUCH THING AS "PLAYING BY THE BOOK," SINCE EVERY BOOK NEEDS INTERPRETATION.

没有所谓的"照谱演奏"，因为每一本乐谱都需要诠释。

The Ignorant Maestro

7 模糊的精神型领导者：
赫伯特·卡拉扬

我不会告诉你，我相信你的专业判断，或者，
你可以看看同事怎么做。

20 世纪最伟大的指挥家之一，
赫伯特·卡拉扬（Herbert Karajan）

The Ignorant
Maestro

卡拉扬从来不会清楚地挥出节拍，他希望
乐手能凭直觉知道他的每一个想法。在他
的世界里，真正的音乐只存在于他的大脑
中，外在的一切，包括乐团和他们演奏的
音乐在内，只是他内在音乐的外在展现，
整个世界由他的意志所掌控。

柏林和维也纳人都称他为"国王"，因为他统治着这两个欧洲古典音乐中心长达几十年。赫伯特·卡拉扬站在世界顶级的管弦乐团——柏林爱乐乐团的指挥台上长达 35 年，创下任期最长的历史纪录。他指挥的音乐演奏唱片的销量超过两亿张，这是古典音乐史上至今无人能及的成就，足以让他成为首位拥有并驾驶游艇和喷气式飞机的指挥大师。卡拉扬能够获得这样的成就，是因为他让全世界成为他展现自我的舞台，走向世界就是他的梦想。

卡拉扬笔直地站在指挥台上，创作出情感强烈的音乐，甚至从来没有睁开眼睛看看那些给他起"魔术师"和"心灵导师"绰号的音乐家们。他身材中等，体态优雅，有戏剧化的夸张发型。他是整场表演的灵魂人物，或者说是仪式的焦点。在卡拉扬早期的黑白表演影像中，他坚持控制音乐会或录音现场的所有细节，把乐手们排成一个半圆形，越往后排位置越高，仿佛他们是希腊剧场中的观众，而他则占据了表演的舞台。

模糊的指令，全靠精神统治

当音乐会进行的时候，卡拉扬从不告诉乐手他想要他们做什么，他希望乐手能凭直觉知道他的每一个想法，就像会读心术一样，从而使乐团成为他"手臂的延续"。他微微向乐手低下头，聚精会神、高度专注地听着。由于他几乎始终紧闭双眼，因此额头似乎就成了焦点，仿佛他的思考过程会通过额头播放出来，让所有乐手读懂他的心思。

卡拉扬的手势与大多数指挥家截然不同。通常指挥家打拍子会从高处往下，然后在最低点弹回，就像乒乓球落在桌面上又弹起一样，这样就能清楚地打出拍子。卡拉扬的手势则完全相反，从最低点开始，以向上的动作拉出声音——挑起一个开口，手势的定义并不明确，而且没有结尾点。很多时候，手势会变得圆滑，几乎是在画圈，让乐手们无法发出同步的信号。一般来说，如果没有指挥出清晰的节拍信号，就必然会造成混乱并导致错误，这是指挥家的严重失职。不过，在卡拉扬指挥的演奏中，这种差距创造出令人着迷的团队活力，并且表现得十分完美。

他是怎么做到的？如果领导者没有制定目标，不确定公司的不同部门能否在最后期限交出成果，不决定业务走向，工作要如何进行呢？

假设卡拉扬是你的老板，他不会交给你一张写满待办事项的备忘录。如果他给员工发一份最新季度的业绩报告，很可能会这样写：

致员工：

公司利润增加所带来的深切满足感在我心头萦绕已久，我深谙通往更高收益之路，这一点是众所周知的——我会实现公司的目标、塑造公司的风格。只要跟随我，我们的盈利数字就会增加，无需讨论，也不会有任何特别的解释。我闭上眼睛，相信诸位会跟随我，来吧！

注：别忘了，把头发留得长一点，让它在聚光灯下熠熠生辉。不过也别太长，毕竟象征伟大公司价值的人还是我，我们必须避免向客户传递混乱的信息。

很疯狂吧？如果我们把卡拉扬的排练方式考虑进去的话，

或许就不会那么奇怪了。尽管卡拉扬的指挥使人联想到"精神导师"的形象，但事实上都是基于排练中的细致，甚至学究式的练习。卡拉扬通过一丝不苟的训练确保乐手完全理解并运用他的音乐理念，因此在表演中乐手通常不会猜错他的心思。除此之外，他的指挥始终传达着一些诠释，比如他引导音乐家演奏出丰满圆润的音色，这种声音是卡拉扬的标志之一。他们说，他能让所有管弦乐团发挥出全部潜能。

尽管如此，乐手们依然无法从卡拉扬的指挥中得知何时开始演奏。如果他们想从他的手势中得到清楚的时间指示，就一定会感到失望，因为他没有提供这样的提示，乐手们只能同步演奏。乐团的主要成员（不同乐器分部的首席）必须看着彼此（就像在演奏室内音乐一样），以摆动的身体动作来指挥自己和暗示其他成员，这样的结果是完美的和谐：在卡拉扬担任音乐总监的 35 年中，柏林爱乐乐团的演奏完美而合一，宛如一个巨大的生物在悠扬地呼吸着。

在"开放的创意空间"与"明确的指令" 之间取得平衡

卡拉扬"模糊"的指挥风格经常遭到置疑。如果他给乐团打出清晰的拍子，岂不是简单多了？但是他认为，给乐手明确的指示是对他们最大的伤害。这对音乐本身是一种破坏，因为乐手们会把注意力放在指挥身上而无视其他乐手。这就阻碍了有机的团结，破坏了演奏的一致性。避免清晰地传达是他确保乐手们倾听彼此的方法，也是他们成为管弦乐团的原因。

卡拉扬让乐手为他们至关重要的"团结"负责，就像弦乐四重奏小组在美军叙利亚边境司令部为军官们演奏时一起合作一样。除此之外，在团队内部建立的互信互赖的关系，也超越了老板和下属之间单一层面的承诺关系。

卡拉扬通过运用他自己的控制来达到这样的成就——换句话说，他故意打开了一个差距。可问题是他愿意忍受多大的差距呢？差距仅仅是为了让工作执行得更好的工具吗？还是它的包容性足以接受更深一层的诠释？如何解答这些问题呢？卡拉扬一直紧闭的双眼为我们提供了关键信息，一则在音乐家之间广为流传的轶事证明了这一点：

> 有一次卡拉扬指挥伦敦爱乐乐团，在某一时刻，他安排一位长笛手进行独奏，但是他给的指示完全模糊不清——卡拉扬的手画出长长的"一"字，却没有任何"现在开始"的指示，那位乐手困惑地举起手说："恕我冒昧，大师，我不明白您的意思，您想让我什么时候开始吹呢？"卡拉扬立刻回答道："当

你再也无法忍受的时候，就可以开始了。"

他的回答到底是什么意思？在音乐以外的环境中，这意味着什么？卡拉扬可能会说"我相信你的专业判断"，或是"那就看你的同事怎么做"——他选择了这种模棱两可的答复。如果按照卡拉扬的指示，乐手有无法承受的紧张或压力。它的来源是什么？是充满挑战性的工作吗？应该不是，因为乐手们都是经验丰富的专家，隶属于顶尖的乐团。卡拉扬很清楚，压力是乐手被困在一个危险的差距里的结果：**"责任"和"权威"之间的差距**。一方面，乐手要承担在对的时刻演奏的责任；另一方面，他们又没有权利决定何时是对的时刻。**不得不为自己无法改变的事情承担责任**，这对任何组织的任何人来说都是最令人不安的情况。**管理者不以公开讨论的方式处理这种差距，是忽视而不是授权给下属。**卡拉扬没有解决这个差距，而是利用它的存在给乐手们施加压力。

那么，在"开放的创新空间"和"清晰明确的指示"之间该如何取得平衡呢？当然，这不是一道数学题，而是一种解释，一种试错法，一种进步和负责任的无知与接受差距的气氛。为了获得有效的指引，我们可以参考已故艺术家索尔·勒维特（Sol LeWitt）对于上下级关系的想法，他素有"概念艺术教父"之称。勒维特雇用了数千位艺术家，让他们接受他的指导，把他在美国康涅狄格州工作室创作的概念变成成品。他和卡拉扬一样，自己构思出独特的工作方法，描绘出概念并写出明确的指示。但与卡拉扬不同的是，他给执行计划的艺术家充分的自由并相信他们的判断——有时候他甚至不去看制作中的作品。

在这个模式中，索尔·勒维特的创作是一个协作行为，领导者依赖对最后成品有着高度贡献的追随者。当然，**这不仅需要信任，还需要有效的沟通能力，能够阐明指示和自由诠释之间的界限。这条界限如果没有被明确定义或遵守，就可能变得模糊，从而造成领导者和下属之间的纷争。**

索尔·勒维特的计划看起来相当精确且严密，没有出错的空间。可是他早已假设会出现"错误"，甚至珍惜错误，由此证明这件艺术品是由人类而非机器完成的。人类的特点是即使经过高度训练，也不可能达到"完美"的境界，就好像他在写乐谱，知道管弦乐团会有自己的一套诠释乐曲的方式，他不仅能接受这一点，而且认为这对成品是必要的。

勒维特和其他优秀的领导者一样，更注重整体效果，而不是对条条框框的贯彻执行。他的自我足够健全理智，并且他了解合作带来的附加值——这个特质使他成为世界上作品被展出频次最高的艺术家，他在一生中举办了超过 500 场个人作品展。

　　显然，在创意产业和所有商业及艺术领域中，如果领导者想要分享权利，倾听员工的声音，就需要沟通而不是逃避，这样才能让员工自治并获得解放。如果卡拉扬睁开眼睛，看着长笛手说："我对你想说的话很感兴趣，我在倾听你的思想，而不只是听你如何执行我的思想。我现在要跟随你。"这将是个解放的信息，不只是对长笛手而言。乐团的其他乐手也会知道这代表着自己发声的时刻到来了。不仅是乐器的声音，而且他们的声音也会被听到。

　　然而，既是领导者又是追随者的指挥家不是卡拉扬。由于卡拉扬没有睁开眼睛去看长笛手，所以乐手唯一能做的就是猜测卡拉扬的心思。真正的音乐在卡拉扬的世界里，只存在于他自己的脑海里。外在的一切，包括整个乐团和他们演奏的音乐，只是这位大师内在音乐的外在表现。整个世界由他的意志所掌控。

　　卡拉扬在很多方面都像是穆蒂的翻版，两个人都是愿景或组织的唯一载体，但他们以几乎相反的方式来推动自己的想法。在表演时，穆蒂清晰地指导他的每一位乐手，企图最大限度地控制他们；卡拉扬则避免过多清晰的信号，期待乐手能以个人和乐团的身份弥补指挥家的模糊提示。那么，哪种方式会令乐手更紧张呢？我想是因人而异的。为了个人的心理健康着想，我会更倾向于与穆蒂合作，因为他是一个直

率的家伙——你看到什么，就得到什么。至于哪种方式会得
到更好的结果？我的赌注压在卡拉扬身上，因为他打开了控
制的差距，创造出相对的信任感和空间（虽然比索尔·勒维特
的情况要有限得多），我认为你得到的会比你看到的更多，也
就是说，乐手的付出比卡拉扬更多。如果作为企业文化，哪
一种更具有可持续性呢？这很难说，因为不同的乐团会受到
不同地方文化元素的影响，不过从历史经验来看，卡拉扬占
据上风，毕竟他在伟大的乐团里担任了 35 年的音乐总监。而
穆蒂仅仅在 19 年后就被同样声名远播的伟大乐团"请"下了
台。这样转念一想，卡拉扬的操纵使乐手成为控制链中的一
环，使其更加难以反抗。相反，穆蒂的权威形象是直接显露
在外的，因此更容易成为反抗的目标。

　　如果工作的真正意义只存在于一个人或一小部分人的头
脑中，组织中会发生什么情况呢？这种自上而下的模式最终
会带来什么样的结果？这种沟通模式并不透明，因此需要许
多臆想和揣测。当自我胜过对话时，会发生什么？

　　我很荣幸受邀与其他 300 多位嘉宾一起，到法国南部参
加久负盛名的阿维尼翁论坛（Forum d'Avignon）。在过去的几
年里，法国总统、总理和文化部长，以及来自世界各地的文
化创新者和利益相关者都在这里分享他们对欧洲文化的洞见
和想法。这个论坛倡导文化不只是社会的单一元素，而是促

进国家政治和商业的一个组成部分。这一崇高且充满挑战性的目标，要求所有人的合作须跨越许多利益、观点和理念的差距，只有沟通才能将这些差距从阻碍变为机遇。

现场不乏杰出的演讲者，其中包括政治家、哲学家、艺术家和记者，他们讨论着重要的议题。可以说，他们的智慧思想和高深的文法修辞令人应接不暇，然而绝大多数听众都在忙着低头看手机，甚至在这间私密的会议室里，在舒适的座位上睡着了。你可以想象我当时有多惊讶。在这座古老的教皇宫殿里，精美绝伦的会议厅里回荡着华丽的辞藻，这些言语间却毫无碰撞产生的火花。演讲者忘了演讲也是一种对话形式，是双向互动，如果听众没有积极参与就白白错失了机会。**为了成功激活对话，基调演讲者必须成为或者至少在某种程度上成为基调倾听者，如果领导者忘了将自己的杰出才华和听众的渴望连结在一起，就等于疏离了原本试图去激励或动员的人，或者让他们觉得无趣或厌烦。**

然而，一些来自商界的演讲者就不易落入单向沟通的陷阱，或许是因为他们在商业谈判中培养了基调倾听的习惯和技能。一般来说，如果一个人的职业成功取决于他是否能立即得到其他人的回应的话，他通常就会发展出这种倾听的能力。单口相声演员或许是最受欢迎的，而治疗师、教育者和其他享受与合作对象直接、无中介沟通的人都属于这类演讲者。那些被层层的等级制度所分离的高级领导者，还有那些靠文字沟通的人都必须付出更大的心力来发展倾听能力。

许多人都希望成为具有超凡魅力的、有导师风范的领导者。当然，这种风格对卡拉扬来说非常有效。但是，当我们想象以自己的个性来塑造世界，并以此自娱自乐的时候，请记住，卡拉扬的权威是建立在真实世界的成就之上的。世界各地的管弦乐团成员、评论家、观众和古典乐迷，以及所有唱片消费者都能够评价他的成就，从这一点来说，他的成果是透明的。卡拉扬在排练中和为最终成果做准备的时候，他也会清晰地阐明自己的意图并交由音乐家来实现，因此他在精神影响力和脚踏实地的训练之间保持了平衡，并取得了切实的成果。

然而，当失去这种平衡，缺少透明度，也没有人可以证明这个过程或产品的真实性时，会发生什么呢？"马多夫骗局"的主导者伯尼·马多夫（Bernie Madoff）每年都有 20% 的高额收益，没有人知道他是怎么做到的，但所有人都愉悦且盲目地追随着他，直到这桩骗局悲剧性地结束。他在这个史上最大规模的庞氏骗局中榨取了投资者 650 多亿美元。此外，英国报业大亨罗伯特·马克斯韦尔（Robert Maxwell）——一位"跨国企业的赫伯特·卡拉扬"，也是一位传奇人物，凭借人格魅力和权威的影响力，他让其他人猜测他的行动意图和行动细节。马克斯韦尔于 1991 年在海上神秘死亡，这让人们注意到他欺诈性的秘密政策和盲目跟风的风险。

马克斯韦尔之死掀起全球企业经营管理的巨大变革，受到此事的影响，全球第一大糖果公司吉百利（Cadbury and Schweppes）董事长阿德里安·卡德伯里爵士（Sir Adrian Cadbury）领导一支特别小组编撰的《吉百利公司治理规则》（*Cadbury Code of Corporate Governance*）至今仍在发挥影响力，这份规则旨在确保公司获得适当的管理，也就是保护公司不被大权在握的人所掌控，并向所有利益相关者汇报所有重要信息。

幸运的是，我从来没有机会诈骗一群人使他们陷入财务危机，但我的确有一个和傲慢相关的故事，一个卡拉扬式的行为导致的结果也牵扯到我自己。直到今天，我对这件事仍然很难释怀。也就是说，或许我一直在思考这件事。

那是我初到特拉维夫交响乐团的几天内，作为乐团的音乐总监兼指挥，我希望能在此一鸣惊人，却没想到会掀起如此大的波澜，这波澜大到差点掀翻乐团，连我自己也险些被淹没。

从一开始，我的想法就是提供一些我认为以色

列文化中缺失的东西，那就是管弦乐团不能只生活
在过去，只演奏安全、传统和有市场性的乐曲。遗
憾的是，这正是以色列爱乐乐团的标志。所以在音
乐会中，我演奏了一首莫扎特的作品和一首较少演
奏过的俄罗斯作曲家谢尔盖·普罗科菲耶夫（Sergei
Prokofiev）的交响曲。听这两首曲子对听众来说都
是一种挑战。听普罗科菲耶夫的作品没有适应我对
莫扎特作品的革命性方式那么具有挑战性。我在想，
怎样才能用更具革命性的方式挑战（并搞乱）莫扎
特的作品？灵感来了，我采用了一种卡拉扬式的漠
视他人看法的方式。

　　在排练莫扎特的第二十五号交响曲时，我认为
弦乐组的乐手应该更投入，他们的态度中似乎少了
点什么，演奏出来的音乐沉重而刻板。我说："亲爱
的弦乐演奏家们，请你们拿起自己的琴，找到适合
的同伴，我们要在舞台上尽可能多地组成弦乐四重
奏。"于是他们把自己分成小组，管乐组则分散在中
间。我想，这样做他们就会像演奏室内音乐一样演
奏这首曲子了，将有更多乐手负起自己的责任。排
练时的效果很好，虽然有些混乱，但是乐手们都相

当投入。对我来说，这既有趣又好玩，以至于我决定像这样在音乐会上演奏，我认为，它将以前所未有的方式引起共鸣。不幸的是，当天我创造了一种前所未有的尴尬场面。

那天晚上，当观众走进音乐厅时，他们本来期待能看到熟悉而有秩序的管弦乐团，但所见所闻却不像是交响乐的音乐会，反而更像是吉普赛乐团的表演。我们看起来不像是一个正规的管弦乐团，演奏出的音乐也不像古典乐。观众没有接收到任何解释，乐手们也完全脱离了自己的舒适区，革命性方式对他们的演奏产生毁灭性的影响。你看，如果你是坐在第四排的小提琴手，在 16 把小提琴中，你会想，没有人只听到或只看到你的演奏。可是经过我的安排，你突然变成弦乐四重奏中的独奏小提琴手，你必须成为领导者并与其他三位乐手交流。天知道你周围还有多少个四重奏组合，他们急切地想要团结在一起，同时还要配合那位疯了的指挥，你非常讨厌他，因为是他挑起了整件令人尴尬的事情。对我来说，这场音乐会显然就是一

场"灾难"，不幸的是，对坐在音乐厅里的评论家来
说也是如此。最后，多亏了普罗科菲耶夫的交响曲，
我们得救了。可是公众的损失已经造成。

这里发生了什么？我做错了什么？是因为我选择创新吗？
当然不是，别出心裁是这个管弦乐团存在的理由。坦白地说，
问题出在我想成为卡拉扬的追随者上。我想让观众去猜测我
的艺术用意，让观众认为我有权威和能力去选择任何我想要
的表现形式，而且我认为即使这样也不会失去追随者。我骄
傲地任由观众努力地揣测我的想法，我觉得：我是大师，也
是导师，因此我可以对自己的决定保持沉默。我没有花任何
时间向乐手解释我的选择——更不用说是征询他们的想法或
对此事的感受了。除此之外，我还忘了卡拉扬在准备施展他
充满"魔法"的指挥魅力之前的排练是多么的一丝不苟。如
果必须再来一次，我可能会把排练时间延长三倍，然后才敢
上台演出。

同样，我还忽略了观众的需求。我应该事先与观众简单
地交流一下，告诉他们接下来看到的是一场音乐实验——让他
们觉得自己在参与一件特别的事情，就像被带进音乐制作实
验室一样，然后让他们判断这是不是一个好主意。这样，他
们就会与发生的事情产生某种化学效应，从而成为整场演出
的一个延伸。

无论音乐演奏是否成功，这种体验对所有观众来说都会很有趣、具有挑战性而且充实。当然，要做到这一点，我必须尽量脱离卡拉扬式的领导风格，承认自己不是无所不知的神。我必须对观众说："在演出结束后，我们来投票。所有支持的人说'赞成'；反对的人说'不！大师，抬着你的新莫扎特下台吧！'"

可是，我们能想象一个谦卑的卡拉扬是什么样子吗？换句话说，毫不谦逊是否正是卡拉扬成功的关键因素呢？

放下已知，创造打开差距的对话方式

让我们来分析一个卑微到看似不可能成功却饱受赞誉的角色吧。为了和他一起工作，我们必须脱掉企业家的西装和指挥家的燕尾服，步行到街角的二手商店，这样你才能巧遇这位常客——由彼得·福尔克（Peter Falk）扮演的神探可伦坡（Columbo）。

你或许还记得，主角可伦坡那不加整理的发型（这么说算比较客气了），他穿着一件皱巴巴又脏兮兮的雨衣，嘴上叼着根雪茄。简单来说，他完全不像卡拉扬式的"国王"形象，反而像是一个流浪汉。至于他的沟通风格更是与无所不知的大师相距甚远，他给人的感觉是知之甚少，问的问题似乎也过于简单。他只会说："我不知道……""我不明白……"，说这种话的次数多到他的对手——因此那些圆滑老练的罪犯感觉不到任何威胁。在可伦坡问出看似愚蠢的问题后，罪犯会主动帮他补上那些答案，接着当然就是优雅的最后一击："喔，还有一件事，"在他走出门之前会挠挠脑袋，然后抛出最后一个问题，最终让罪犯坦承所有罪行，让侦探推理可以完美地结束。

可伦坡的智慧一点都不简单，他也并不健忘，并且很清楚自己掌握了哪些信息，知道如何获取尚未掌握的信息。他完全掌控细节，就像卡拉扬在排练过程中确定相关的细节一样，然后，可伦坡和卡拉扬都有类似的动作——通过打开差距来创造合作（无论是与音乐家还是罪犯），可伦坡装聋作哑，卡拉扬模糊以对，两者都非常成功。卡拉扬迫使追随者为细节负起责任并掌控所有权；可伦坡则以智取胜，让罪犯自己说出原本绝对不可能透露的信息。尽管性格迥异，但两者都显示出一种"吸引对手或搭档采取行动"的力量。实际上，卡拉扬与可伦坡风格最相似的地方，就是他拒绝打出清楚的节拍，诱导乐手理解差距。至于是否受到观众欢迎呢？很多人喜欢卡拉扬这类的英雄式领导者，但更多人喜欢并认同弱者，作为

"普通人"的可伦坡占了上风。我想这是因为我们都有类似的经历，我们更珍惜那些甜蜜时刻，而不是优越感已成为理所当然的时刻。后者的胜利让我们夜不能寐，产生自我怀疑，甚至更糟的是，担心其他人发现我们是"冒牌货"。

我并不是让你改穿皱巴巴的雨衣，而是说你的成功在一定程度上取决于你的示弱。通过放下自己"无所不知"的防御墙，把一定程度的掌控权交给下属，你是否也能消除对方的防御？这些防御是由舒适的例行公事、愤世嫉俗的性格，或者是更糟的谎言和意图构成的。要做到这一点，你必须展现身为领导者的优势，以自己的风格创造打开差距的沟通方式。

The Ignorant
Maestro
本章小结

1. "责任"和"权威"之间的差距对任何组织的任何人来说都会带来无法承受的紧张或压力。

2. 如果领导者想要共享权威，倾听下属的声音，就需要沟通而非逃避，这样才能让下属独立自主、获得解放。

3. 精神型领导者应放下自己"无所不知"的防御墙，把一定程度的掌控权交给下属，消除对方以例行公事，或者愤世嫉俗的性格，又或者是更糟的谎言和意图而建立的防御，充分展现身为领导者的优势，以自己的风格创造打开差距的沟通方式。

LEADERS WHO FORGET
THE NECESSITY OF
CONNECTING THEIR
OWN BRILLIANCE WITH
THE YEARNINGS OF
THEIR LISTENERS RISK
ALIENATING THE VERY
PEOPLE THEY SEEK TO
INSPIRE AND MOBILIZE.

忘记将自己的杰出才华和听众的渴望连结在一起的领导者，
就等于疏离了原本试图去激励或动员的人。

The Ignorant Maestro

8　充分赋权的过程型领导者：卡洛斯·克莱伯

如果我只能听到一种声音，就是演奏者是否倾听彼此的声音。

20 世纪最伟大的指挥家之一，
卡洛斯·克莱伯

有时候他会完全停住指挥的动作，只是站着倾听；有时他清楚地表示想要的效果，但是没有详细的手势指令。不过，乐手们不会感觉身处云山雾罩之中，因为这些差距在他们逐渐理解和分享的过程中被打开了。在这个过程的引导下，他们能够实时创造出自己的诠释。

这是值得纪念的一天。我在工作间里播放着卡洛斯·克莱伯指挥的视频。视频结束后，一位女士带着灿烂的笑容说："哇！这位指挥在跳舞呢！"的确，很多人都看到他在跳舞，只是说这句话的女士是一位盲人。她可以听到克莱伯跳舞的声音。因为他丰富的肢体语言转化成让人能听到的舞步。克莱伯的指挥大气磅礴，他弯着腰，面带喜悦的笑容，长长的胳膊轻盈地舞动，身体也随之摇摆着。他也可以走极简风格，只用指尖指挥，还可以身体后仰，静静地倾听，几乎一动不动。他的指挥棒就像木偶大师手中活生生的"人物"，似乎在和他一起跳舞。简而言之，克莱伯是"运动的大师"。

可以说，2004 年逝世的克莱伯是指挥大师中的大师。克莱伯的天真烂漫和做着鬼脸的顽皮笑容，与严厉专横的穆蒂截然不同。但令人惊讶的是，就连穆蒂也称赞他是当代最伟大的指挥家。

分享和创造喜悦的领导者

在克莱伯的指挥中，舞蹈通常是人们注意到的第二件事情，他们首先注意到的是极具感染力的喜悦，一种即时的快乐。**跳舞是他分享和创造快乐的方式：他是邀请你加入一个运动的过程，换句话说，他是在创造"形式"。**

克莱伯对于形式有着清晰的认识，所以他领导了这个"运动"，只是他跳得更像探戈舞者而不是军队长官。当穆蒂紧握控制权，坚持自己对音乐的每个诠释时，克莱伯则对他的音乐家提出了挑战，要求他们持续参与到对音乐的诠释中。克莱伯用自己的力量打开了差距。有时候他会完全停住指挥的动作，只是站着倾听，有时他的手势清晰地表示出他想要的效果——比如轻盈或强烈的声音，但是他不会作出详细的手势指令。不过，乐手不会感觉身处云山雾罩之中，因为这些差距在他们逐渐理解和分享的过程中被打开了。在这个过程的引导下（而不是像卡拉扬那样依靠排练），他们能够实时创造出自己的诠释。

克莱伯把控制乐手转变为控制过程，建立了独一无二的控制模式。他邀请音乐家参与诠释和创新的过程，并以此作为合作的基础。从这个意义上说，乐手们从束缚中解脱出来，获得了释放，有自主空间能够主动采取行动，而不是被动回应。比起之前讨论过的指挥家，克莱伯赋予乐手更多的权利，让他们承担更多的责任。

专注倾听，充分赋权，给予挑战和正向激励

音乐家们普遍认为"和克莱伯一起演奏就像坐过山车"。我认为，克莱伯能够激发的能量远远超过了乘坐过山车时那种强烈的兴奋感和极限挑战能够引发的动机。首先，过山车这个比喻意味着一种由形式引导的过程运动，所有参与者都能共享和理解其中的逻辑。对任何组织来说，让人们参与过程的一个直接的影响是人们会产生对错误的恐惧。对穆蒂和他的乐团来说，失误的恐惧令人窒息，但事实是，许多失误并不会带领组织钻进死胡同，认识到这一点后人们对失误的恐惧就会大大减少。**错误被当作动态连续体的一部分来处理，是一种可以轻松修正的暂时偏差，甚至以创新的精神来阐释。**

过山车的比喻也反映出领导者的另外两个方面。**首先，是提供启动过程所需的能量来持续对抗重力和摩擦**。这是一种积极的意志，象征着领导者克服固有的陈腐。请注意，这

种意志并不是多余的，即使这项任务已经预演过很多次，也需要领导者具备这种素质。因为一旦工作成为例行公事，就会产生更大的摩擦。

其次，是提供至关重要的安全网。有些领导者或许会在某些时刻放松对流程的把控，使组织陷入困境。对交响乐团或大多数组织来说也是如此。交响乐团并没有钢铁般的结构能让乐手们像坐过山车一样在这结构之上演奏。在真正开始演奏之前，结构只存在于乐手们的头脑中。实际上，乐手们是在一边坐过山车一边修建轨道（即搭建结构）。在没有固定结构的情况下，可能导致每次的执行过程都不尽相同。在组织中，所有个人的贡献都会互相作用、彼此影响，从而将偏离既定结构的差距转变为改进和创新的机会。可见，在音乐演奏中总会有一定程度的自由和不明确性，需要所有利益相关者保持一种无知的心态。显然，克莱伯对乐手的要求是深远的，他丝毫无法容忍那种能力不错却只想被动接受指令的乐手，面对克莱伯这样的领导者，你必须时刻保持独立思考，否则就会失去控制。

乐手能够满足这样的要求必须得到奖励，克莱伯通过不断地肯定乐手的成就来实现对其的奖励。他以传递喜悦的方式倾听他们的演奏，表达出对他们极大的赞赏。他们的演奏显然为他注入了能量，这种能量转化成他的舞蹈。**信任是传**

达认可的有力信号，克莱伯通过不干涉乐手的表演来展现他的信任。有时，他会在演奏到最复杂的部分且需要完美合奏时静止不动。与大部分指挥家不同的是，他认为，乐手们在这些具有挑战性的乐段中的积极贡献是不容忽视的。克莱伯完全相信自己的乐手，把自己变成基调倾听者：他安静地（也就是站着不动、不做任何手势）听他们倾听自己的声音。这创造了极大的专注力，也让乐手获得解放，去仔细倾听同事们的声音。这种倾听比任何基调演讲者、指挥家更能达到最佳效果。**这种相互倾听的能力尤其需要培养。**

在一段珍贵的排练视频片段中，克莱伯对乐团说："如果我只能听到一种声音，就是演奏者是否倾听彼此的声音。"如果有机会对个别乐手加以肯定，比如某一部分的独奏，克莱伯会表现得更像一个听众：全情投入，从来不会施加指令，听到乐手有值得褒奖的演奏时，他会表现出深深的骄傲和满足。**克莱伯不仅仅是在倾听已经演奏的声音，也在期待即将演奏的声音，他成为基调倾听者，通过倾听来发挥他的影响力。**

这让我们思考更深刻的问题：克莱伯对"控制"这个概念的想法为什么如此独特？他的领导方式如何发挥作用？

在日常生活中，如果我们要控制现实环境，就要以某种方式直接对物体施加压力：通过操作各类机器来帮助我们施加压力，甚至给对方口头指令。

　　许多"直接控制"的例子都相当精细复杂，比如网球比赛里的一记精彩传球，或者小提琴家的手在一段技巧豪华的帕格尼尼作品中演绎出所有正确的音符，这些都是极好的"直接控制"技巧。直接控制很容易应用于对象，因为它不包含任何差距——除非控制链断裂或出现故障。如果有无法直接控制的元素就比较难操作了，以驾驶帆船为例，风就是控制上的一个差距。

　　当人们以发号施令来控制其他人时，他们实际上用的是目标控制，而忽略了内在差距的存在。被控制的人可以选择不服从。在这种情况下，必要的奖惩机制会应用在所有组织中，并以不同方式混合，确保目标控制能有效地应用在员工身上。

　　在音乐界，穆蒂从两种互补的层面为我们提供了目标控制的绝佳范例。第一，关于音乐本身，他将音乐这一连续体切割成许多小的片段，以特定指令控制每个片段。当他察觉到有一丝失控时就会加入更多指令，将片段切割得更薄。第二，穆蒂也对乐手们使用目标控制，以直接的目标控制让他们朝他期望的方向推进。克莱伯的领导风格则完全不同，他的风格来源于他的音乐理念"音乐是流动的"，合作对象也是流动的。

　　克莱伯的目标是保持音乐过程的充分流动，不损失任何潜在的能量，并且仍在控制之中，这一点要如何做到呢？一个人如何控制一条大河的流向呢？没有具体的"目标"能够控制，只有不断地变化。我曾听过一种非常极端的设想，提出它的人应该是一位工程师，他说可以冰冻河流，这样就能够把冰切成块，然后完全掌控它们。多棒的归谬法[①]，不过，克莱伯选择了完全不同的做法：**水即过程，如果想影响河流的方向，唯一的方法是改变它流经的地形——修建水坝或开凿运河，让水依照自己的特质不停地流动，但这条流经的新路径由你来决定。**

就像乐手演奏的音乐流一样，克莱伯不把乐手当作目标，而是一个过程：当乐手演奏时，他们处于持续流动的过程。这就是为什么他领导的乐团成员有先天的、完全的自主性与自我控制能力，因此他们在工作中投入、负责、积极诠释、获得肯定并以自己的工作为荣。不仅乐手可以享受自主控制，克莱伯也能掌控全局，不是控制他的乐手，而是控制他们个人贡献的空间。指挥家设计这个空间并赋予其特征，与乐手在连续流动的演奏中产生音乐互动，进而创造音乐。

克莱伯用肢体语言描绘出空间的特征。他可能抬头表示某种"跳跃"，并示意准备要"跳到"那个高度的乐手付出适当的努力，或"保持"意味着沉重，或标记出特定大小的空

---

① 一种论证方式，首先假设原命题不成立，然后推理出明显矛盾的结果，从而证明该命题是正确的。——编者注

间来召唤特定声音的投射。克莱伯在排练的时候也会进行口头指令，显然是为了同样的目的——影响乐手，让他们对自己必须占据的空间具备感知力。

许多指挥家都以比喻来阐释他们想要的完美效果，却不是每个比喻都能达到同样的效果。比如指挥家说"这段听起来要像太阳在早晨缓缓升起一样"，这个比喻成功的几率应该不大。即使视觉化的比喻能够发挥作用，也只是加强音乐里原本就有的元素——它没有打开一个差距。不过，下面这个比喻应该可以用在许多层面上："这里听起来就像透过涂黑的玻璃看日食一样"。奇怪的品质、黑暗与明亮的对比、你自己的好奇心和观看风险的戏剧性，效果显然威力十足。这些差距在"音乐翻译家"的头脑中创造出的能量，可以被利用并注入音乐演奏中。因此，**比喻必须与参与者相适应**。比如，当克莱伯希望乐手全是老男人的维也纳爱乐乐团能够"掌握"音乐，演奏出乐曲的性感，他所唤起的情景是："一位长腿美女，看着我们，但这让她更有魅力"，通过精神上的诱惑，唤起一个人非常私密的心理状态。

在多数情况下，克莱伯认为过程是关键。对过程的控制和他对自主合作者的看法，有多少可以应用到音乐以外的真实世界呢？

每当我参与某些情报组织的训练课程时，都会想起克莱伯。

虽然我不能随意提及有关这些组织的任何具体的名字，但是可以这么说，它们在国际上享有盛誉，备受崇敬，它们专精于反恐、搜集情报和执行秘密行动等。你或许认为间谍行动不需要即兴创作，更不需要应用音乐演奏中所学的道理，但实际上这是训练中相当重要的部分。外勤和情报人员必须能够适应每一个变化的场景，同时还要保持单独行动。工作的层级是以功能划分的，遵循过程而不是遵守层级划分。这意味着，资历尚浅的特勤人员在出任务时，可以无视指挥官的命令，因为他掌握了更多的即时信息。与克莱伯乐团中的乐手一样，这位特勤人员必须对整体过程有更深入的了解，包括让他在不同的情境下接受训练，所以他的自主决策也能与整体政策保持一致。

如果你身为公司的领导者，认为员工有自主权的风险太高，可以想象一下间谍组织的例子，没有比生与死更高的奉献了。**在这个不可预知的危险的战场上，通过委派、授权、解放员工，的确能够增加成功的几率。**没错，老板还是要对结果负责，对员工来说也是如此。失败和成功是所有人共享的成果。

不仅特勤人员的例子能够说明自主权的重要作用，著名的日本汽车制造商的成功故事也证明了自主权的重要性。它们占领了市场，超越了自负的来自美国底特律的三大汽车公司（通用、福特、克莱斯勒）。当时的美国汽车公司的系统是以设计为基础，层级分明，各个部门各司其职，质量控制人员随后检查他们的工作。这很好，不过基层员工并没有因此产生急迫的责任感，尤其是与日本公司相比。

举例来说，日本丰田汽车摒弃了自上而下的管理模式，要求每一位员工都参与到产品的质量管控中，当他们认为有问题时有权利和责任停止生产。自我控制型团队（self-governing teams）对日常的工作和成果非常自豪，这是促成丰田汽车取得成功的决定性因素。然而，底特律的汽车厂则本末倒置，忽略了过程和传统的等级制度，把重心放在机械的改良和进步上，企图以此与竞争对手匹敌。实际上，如果不改变工作关系，不能让人人都有责任感，就不可能达到丰田汽车那样的成功。后来，通用汽车因零件质量问题造成多起悲剧事故，最终导致大规模召回。此事件更加证实了这一点。截至 2014 年，该质量问题已造成 13 起高速公路上发生的重大伤亡事故。其实早在 2001 年，公司内部就有工程师发现了这个问题。直到多年以后，高层主管才意识到这对质量控制、公司声誉以及盈利能力造成的重大威胁。"自上而下的严谨程序"和"鼓励开放、每个声音都能被听到的流程"之间原来有如此大的差距。

流程不是终点，是通向终点的路径

我经常听到员工和管理者们用略带厌恶的口气说出"流

程"这个词。在与全球顶级的制药公司（默克制药）的聪明绝顶的管理者会面时，我听到了以下说法："在默克，我们谈论的是如何在流程中工作，但对我们来说，这些流程根本是场噩梦。如果高级管理者想改变流程里的一件事情，不能想做就做，要尝试一个新想法，必须经过15个不同层级管理者的同意。"他们所谓的流程其实是一系列里程碑，就像孩子的画册中的那样，你要把点连成线才能画出完整的图画。可是在默克的案例中，沉重的官僚制度阻碍了创新，因为它耗费极大的精力才能获得不同层级的同意，以至于项目还没到最后的决策阶段，人们的精力就已消耗殆尽了。如此一来，对公司造成的长期损害是：员工开始认为积极的改变是不可能实现的。联邦政府或州政府的工作人员或许觉得默克公司的悲哀局面似曾相识。事实上，如果进步和改变与员工利益无关，无论员工多么有才能，都会变得死气沉沉。

当流程已经全力前进，却仍需要通过多个层级的审批时，必然会阻碍进展。此时，你试图跳过一个差距，因为你无法停在半空中来评估自己在做什么，可偏偏管理层非要你这么做。

将流程分类成各种可评估的阶段也很流行，这种做法的优点是能让管理层感觉获得掌控权，但这可能导致整个公司将注意力转移到评估和报告上，最终流程反而成为推卸责任的一种掩饰工具：即使与流程没有明显的关联，有的人也会说"我们就是照着流程走的啊！"流程原本是作为通往目标的路径，但这个初衷已经被众人所遗忘，他们以为流程本身就是目标。现在，来听我的好朋友赖瑞（Larry）讲讲真实版《第二十二条军规》的战地故事：

　　越南战争期间，我是美国陆军的一名中尉，负责指挥食物供应点。我必须为大约 30 万美军士兵提供各种食物，这是一个庞大的工作量。后勤部有许多越南劳工，大家都知道他们在偷我们的物资。他们每天只赚几美元，为了弥补微薄的收入，一些人会偷走罐头食品、水果和任何能轻易揣走的东西。我们必须想办法解决这个问题。

　　西贡一些聪明的将军设计出新的表格供我们每天、每周和每月填写。在这场无法言喻的战争中，"美军陆军菠萝和香蕉统计系统"诞生了。每个人——无论是我、办公室的员工、西贡将军的手下还是将军本人都在忙着清点西瓜的数量。

　　在我作为食品供应站负责人的最后几天，有两位来自美军刑事调查科的客人来访。令我惊讶的是，当我们忙着清点可口可乐有多少瓶的时候，其中一位贪婪的访客用卡车运走了院子里的香菇、糖果、阿司匹林和罐头食品，把它们拿到黑市上去卖。没有人知道这件事，新的统计系统也无法追踪它。军队最终把所有消耗过程都集中在了完全错误的方式和事情上——这比寻找正确的事情要容易，这需要更多的好奇心和独立思考的能力，丝毫不能机械化。

如此看来，仅仅用程序来定义的流程是空洞的，在其过程中还白白浪费了机会。**管理者不能为了控制而把流程强加于人，它必须以一种利用所有参与者的智慧和经验的方式执行。它一定要真诚，而不是机械化地例行公事。**

满足个人需求和各方利益，达成共赢

如果把克莱伯的传奇经历真正转换为业务流程，所有人必须在一开始就参与进来——从制定决策的高管到负责执行的员工。这一流程要利用全体利益相关者的能量来启动，并通过共享所有权来实现承诺。克莱伯通过在排练中要求每一位乐手主动诠释音乐来与他们共享所有权。**同样的，任何组织在启动流程之前的讨论都需要听取尽可能多的意见，领导者必须发挥基调倾听和无知的能力，以避免忽略或否认不同观点之间的差距。**

在启动流程之后，各方必须不断地进行微调，以应对计划和执行之间的巨大差距。这些差距不一定是负面的，它们可能很好地代表了任何级别的员工的改进。

里程碑或许不再重要了，与其考虑实现固定的里程碑，不如思考如何持续改进。当然，这需要在流程中实现高水平的信息共享、实时透明化和彼此信任，而这些都很难做到，甚至当它们出现时都难以察觉。

这就是为什么克莱伯是默克高层管理者的典范：乐手们可以感受到信任、高标准和克莱伯脸上的喜悦所传达出的"我们在一起"的信息。在所有组织中，管理者的主要角色都是"放大"这些价值，就像克莱伯的表情所发挥的作用一样。微笑随处可见，人们知道他们何时是被利用和操纵的，假惺惺的热情并没有用。克莱伯的喜悦中没有一丝虚伪，他不仅为自己，也为他的乐手和观众感到自豪。在管理中将这种"喜悦"强化是不现实的，依赖于对管理过程的错误定义更是致命的行为。

我们来看看克莱伯的领导风格具有哪些特质：他相信合作者的实践，通过在过程中给予挑战来吸引他们投入其中，并为每个人开放自主贡献的空间。下面来谈谈我的故事：它涉及典型的难搞的观众，展现出众人共享所有权时带来的好处。

我的任务是让一群13~15岁正处于青春期的中学生认识古典音乐，人们通常会认为教这些孩子古典音乐是不可能的事情，如果你想带他们去看歌剧，天啊！他们会笑得前仰后合。所以，我必须找到方法让这些学生参与进来，并且做好准备听完整场校外音乐会。我决定把这1 000名学生分成200人一组并与他们一一会面。

我开门见山地告诉他们："听着，伙计们，我正在研究教学风格，因为学校打算聘请几位新老师，所以今天我需要一些专家，这些专家至少已经在学校待了9年或10年，每天花五六个小时坐在教室里看老师做他们该做的事情。你们认识这样的人吗？"

他们很快就明白了，在这次会面中，他们不是被所谓的专家说教的孩子，而是被高度重视的专家。他们并不笨，如果我对专家的定义是假的，他们就不会合作。

我要求老师坐在后排，而不是在过道上巡视。孩子们自己想办法解决任何不合规矩的行为，他们觉得这对他们来说是一种困扰，因此想方设法让所有人保持安静。这并不意味着我放弃了权威——我还在那里，提供平台且维持讨论的空间。但由于我对他们的好恶一无所知，所以对他们表达的每一条意见我都能真正地欣赏和感兴趣。我发现他们的回应发人深省：有些人说，如果是他们不喜欢的科目，比如代数，但是为了进大学又非读不可的话，他们会选择穆蒂当老师，因为他们在穆蒂的带领下将不得不学习。尽管他并不是很想当穆蒂的学生，也没有进一步研究他的兴趣，可他们知道，选择穆蒂当老师会有好的成绩。有一位同学说："如果让穆蒂教代数，我的成绩可能会比之前更好，也更有机会考上大学。不过只要考试一结束，我就会烧掉所有笔记本，这辈子再也不想碰代数了。"大多数同学认为，如果是未来学习的专业科目或是终身热爱的兴趣，他们就会选择和克莱伯一起学习。

几天后，同样是这些少年来到音乐厅参加海法交响乐团的音乐会，我担任指挥。我又一次请老师不要在过道上管理秩序，而且实际上，学生们也不需要老师管教。在长达16分钟复杂的贝多芬《英雄》交响曲（Heroic Symphoy）的第一乐章和接下来的其余曲目中，没有嘈杂声，也没有笑声：孩子们觉得自己获得认可且备受尊重，于是他们也以类似的方式做出了回应。

最后一个故事也是我的亲身体验，这是日常生活中的"克莱伯式"的过程控制。请注意"心理状态"的细微变化会对过程产生的巨大影响。多年来，从海滩公园的人群中呼啸而过的摩托车一直令我烦恼，它们不仅危及行人的安全，而且在原本宁静的公园区域留下了可怕的噪声。多年来，我一直跳出来强迫他们停下来，对他们大吼大叫，与他们争吵不休，甚至有几次还和他们扭打起来，但这一切都毫无效果。摩托车主总是占了上风，待他们扬长而去之后，留下我沮丧地站在浓浓的摩托车尾气中。

有一天，我看见难得出现的警察在公园里巡逻，就在那一刻我灵机一动，只要看见有人在公园里骑摩托车，我就走过去和他们打个招呼，脸上挂着一种忧心忡忡的、同情的微笑，然后对他们说："看那里，在树的后面有警察。他可能在抓违规行驶的人。"他们先是很惊讶，接着非常感激地逃出公园。我屡试不爽、战绩斐然。看看这个伟大的成果：公园里散步、跑步的人们很开心，因为他们不再感到危险。骑摩托车的人也很庆幸，因为他们知道做了正确的事情，如果再晚一步离开的话就会被抓，他们都感觉好极了。我也很高兴，因为我的行为不是出于愤怒，而是出于帮助的善意。

之所以提起这个小小的获胜故事，是因为它没有把每个人的动机理想化。人们改变自己的行为，不是因为突然看到了天堂之光并开始意识到什么是道德的或美丽的，而是因为每个参与者（包括我）的行为都是出于利己的角度，但最后的结果却是皆大欢喜，对整个组织来说也是好的导向，这就是经典的共赢。

当你看到跳着舞的克莱伯、投入的乐手和愉悦的观众时，我敢打赌，这位已经仙逝的作曲家的灵魂也会很快乐。你将意识到，**真正的合作上的成功，是满足个人需求和各方利益交织在一起的共赢**。实际上，这也是领导者的终级成就，克莱伯正是因为这一点而备受推崇。

The Ignorant
Maestro
本章小结

1. 过程型领导者把控制下属变为控制流程，展现出独一无二的控制权解放模式，邀请下属参与诠释和创作的过程，以此作为合作基础。下属从束缚中获得解放，有自主空间能够主动采取行动，而不是被动回应。

2. 充分赋权的过程型领导者相信合作者的实践，在过程中给予挑战，使他们投入其中，并且让每个人有自主贡献的空间。

3. 真正的合作是满足个人需求和各方利益交织在一起的共赢。实际上，这也是领导者的终级成就。

THERE IS ALWAYS A DEGREE OF FREEDOM, OF INDETERMINACY, IN MUSIC MAKING—AND CALLS FOR AN IGNORANT STATE OF MIND ON BEHALF OF ALL STAKE-HOLDERS.

音乐演奏总是有一定程度的自由和不确定性，需要所有利益相关者保持无知的心态。

The Ignorant Maestro

9 终极典范的意义型领导者：伦纳德·伯恩斯坦

当上百位乐手同时分享相同的感受时，就像是一个人在面对音乐的起伏、每一个到达和离开的点及每一个小小的内心悸动而做出的反应一样。这时，在其他任何地方都感受不到的人类的认同感就存在了。这是我所知道的最接近爱的表现了。

20 世纪最伟大的指挥家之一，
伦纳德·伯恩斯坦

在演出进行到一半时，伯恩斯坦虽然放下指挥棒，但是却没有停止指挥。更棒的是，他持续以丰富的表情和乐团对话，并且因为交流而喜悦。他跳出"音乐即流程"的强大力量束缚，追寻着音乐的真实意义，把追寻当成让个人和乐团成长与获得解放的动力。

伦纳德·伯恩斯坦在演出中途放下指挥棒，继续指挥，更棒的是，他仅仅用表情和乐团对话：他的眼睛和眉毛、嘴巴和鼻子，以及额头都沉浸在对话中，并且他因交流而喜悦。他跳出"音乐即过程"的强大力量束缚，去追寻音乐的意义，并以此作为个人和群体成长与解放的动力。对我来说，他是领导者的终极典范，不仅让组织变得更好，而且提高了员工的工作质量和生活品质。

伯恩斯坦是第一位享受摇滚巨星名誉光环的管弦乐团指挥家，他的个人魅力和公众形象远超古典音乐的疆域，试问，还有哪位指挥家能够被知名记者汤姆·沃夫（Tom Wolfe）写进《激进时尚》（*Radical Chic*）中呢？同时，伯恩斯坦也是一位作曲家、钢琴家和教育家，他在这些领域里都堪称天才。当然，他更是古典音乐最伟大的传播者，是年纪最轻的，也是第一位在美国出生的纽约爱乐乐团音乐总监。他是一位杰出的指挥家，即使你从未见过他从指挥台上跳到首席小提琴手的怀里，你也能用口哨吹出由他谱写的音乐剧《西城故事》（*West Side Story*）和《锦城春色》（*On the Town*）在百老汇演出或登上电影荧幕时的几段旋律。或者，你就是在他策划的青年音乐会上领悟了贝多芬的第五交响曲。

开启全人模式对话

在 1987 年的法国国庆日，我第一次见到伯恩斯坦。那是在距巴黎不远的一家风景如画的酒店，我们一群学生聚集在摆放着钢琴的酒店餐厅里，在那里，我们每天早上都要从大碗里啜饮咖啡，为接下来的一周做准备。我们正期待着贵宾到来——伦尼（Lenny），大家都这么称呼他。他加入我们的聚会时已经微醺，却依然站得笔直，和大家一字一句地唱起法国国歌《马赛曲》（*La Marseillaise*）。然而，他却对这种过度热切的爱国情怀不屑一顾，大声地驳斥道："一群猪！"

之后他坐在钢琴前，酒杯不离手，一边即兴演奏着爵士版的法国歌曲，一边与餐厅里的 30 几个人同时对话，问和答着上百个问题。简而言之，我们觉得他就像是来自奥林匹亚山上的酒神狄奥尼索斯（Dionysus）一样，来到了位于枫丹白

露的美国音乐学校，我们成为他神话中的门徒。为期一周的
指挥课程即将开始，我们注定要参与一场永无休止的"盛宴"，
其中包括感官上的享受、音乐和人性美，以及个人成长。没
错，我们的指挥技巧也将变得更加精湛，因为我们开始理解
如何将其他元素注入音乐创作中。

正如《与伦尼共进晚餐：与伦纳德·伯恩斯坦的最后一次
长谈》(*Dinner with Lenny: The Last Long Interview with Leonard
Bernstein*) 的作者乔纳森·科特 (Jonathan Cott) 所描述的那样：
"伯恩斯坦几乎与所有近代古典音乐家不同，他坚决拒绝将自
己在情感、智慧、政治、性情和精神渴望方面与音乐体验区
分开，有时候也颇具争议。"

这对我们来说是多么新鲜的"空气"啊！作为学生、助
理指挥、音乐教学工作者，以及崭露头角的专业指挥系学生，
我们在生活中的大部分知识、品位、激情、好恶、社会意识
和政治立场都不可以带入工作中，无论是否与音乐相关或契
合。与此同时，作为艺术家，我们又被告知要深入自己的内
心，这样才能与他人产生联结。这两件事是冲突的，就像是
跳舞却不能使用身体的全部，仿佛被带子缠住了一样。不过，
当我们与伯恩斯坦在一起时，"带子"却神奇地解开了。

我必须澄清：音乐是我们工作的重心，作为一门专业的

指挥课程，没有发生任何疯狂或不恰当的事情，只是他邀请我们以完整的人格进入音乐演奏中。这个邀请不只是针对我们，还有每个和他说过话的人、合作过的对象。当观众在音乐厅里欣赏、倾听音乐时，甚至通过电视观看演出时，每一位观众都在他的受邀对象之列。

穆蒂把乐手的参与当作工具或乐器；托斯卡尼尼把乐手当作他父权臂膀下的孩子；理查德·施特劳斯以照本宣科的原则限制他的乐手；卡拉扬相信乐手会遵照他的想法，而且只照他的愿景去执行；甚至克莱伯只邀请乐手在专业方面合作和共享责任；而伯恩斯坦只是单纯地召唤乐手以完整的人格来加入音乐创作、演奏、倾听、作曲或指挥。这种全人（whole-person）模式定义了他的主要沟通方式：**包括情感、智慧、音乐，甚至道德层面等的包罗万象的对话。**

为了进行对话，我们需要有愿意参与的坚定的"另一方"，伯恩斯坦需要合作伙伴，因此他不遗余力地让合作伙伴发挥作用。在一对一的对话中，即使是在最短的时间内，也会感受到他完全的、无条件的关注。当你全心投入到与他的对话中时，其他人或事都变得不再重要，即使时间短暂，这样专心投入的效果也很强大。在排练或演出时，几个眼神交流就足以在乐手和指挥之间建立双向联结。他的交流完全是私人的和亲密的，让你感到他是真的想了解你，他还记得你跟他说过的话。

你觉得你对他的重要性甚至超越了工作本身——他像朋友一样关心你。我对这种亲密的交流方式并不陌生。因为我在 10 几岁的时候，常常溜进伯恩斯坦和以色列爱乐乐团的排练厅，躲在特拉维夫曼恩礼堂黑暗的座位上，所以我从远处观察他很多次了。我发现，在他每年访问以色列的第一场排练开始前，都有同样的特殊仪式：他利用宝贵的半小时时间，不是排练，而是在乐手之间走动，和每一位乐手打招呼，一一喊出他们的名字，他搂着乐手的肩膀，拥抱或亲吻他们。他进行了上百次的交谈，了解当地的最新新闻，回忆起孩子的名字和一年前乐手告诉他的某件事。这些不是细微的差别，而是基于同理心和相互信任的关系的表现，这珍贵的 30 分钟是他们共同创作音乐的根基。

在欣赏经过排练后的表演时，我发现他和乐手之间的对话逐渐展开。我可以看到伯恩斯坦是如何利用自己的表情和整个身体来传达一种情感和一个想法，这种情感和想法又如何转化为乐手的音乐表达的。仿佛他完全臣服于乐手的影响中。它包括一个完整的交流周期，交谈和倾听形成了一个双向通道，两者几乎是同步交流的。

几年后，我听到其他乐团也这样评价伯恩斯坦："他提醒我为什么想成为一名音乐家……他让我找回自己的声音。"这一点我感同身受，因为我指挥过太多乐团，发现音乐家们已经放弃了自我表达，成为执行音乐的工具——在那种情形下，他们自己的声音消失了，只能听见乐器发出的声音。这种情况在任何行业都很容易发生，发现和创造的乐趣被例行公事取代、被明示和暗含的限制、被人生经验与这份工作不契合等想法所消解。

探寻意义，唤起自我表达的动力

说服乐手为自己负责，是伯恩斯坦唤起乐手内心声音的关键，也是让他们的自我表达合理化的关键。这听起来或许很简单，但执行起来却很困难：因为你无法强迫任何人进行对话，除非他们也愿意进行对话。我曾看到伯恩斯坦焦急地试图吸引那些等待指令的乐手进入对话，可是看他们的神情，仿佛在说："你为什么不直接告诉我该怎么做，我绝对照做！"我想，伯恩斯坦大概会这么回应：

> 我无法告诉你如何演奏勃拉姆斯的双簧管独奏，
> 我只能表达我自己对这首乐曲的感受——"甜蜜的"，
> 可是我需要你带着你知道的所有甜蜜的往事来感受，
> 比如你对小狗的爱，你最甜美的童年记忆。所有的
> 一切！还要带着所有你对勃拉姆斯本人、他的演奏

风格和双簧管的了解来体会。简单来说，带着完整
的你和你的整个人生，来告诉我你认为应该演奏出
什么样的声音，这样我才能做出相应的回应。这是
我们需要的对话。

伯恩斯坦在 1955 年接受文化电视节目《文化列车》
（*Omnibus*）的采访时说：

> 指挥不只是让乐团演奏，他让他们想要演奏，
> 并不是像独裁者一样把自己的意志强加在乐手身上；
> 这更像是把他的感受投射到自己的周围，进而到达
> 第二小提琴部的最后一位乐手那里。当这一切发生
> 的时候，上百名乐手合为一体，同一时间分享相同
> 的感受，面对音乐的每一个起伏、每一个到达和离
> 开的点及每一个小的内在悸动都做出反应，然后就
> 会体验到在其他任何地方都无法体会到的感受。这
> 是我所知道的最接近爱的表现了。

伯恩斯坦的对话核心是"意义"。它回答了一个问题：为
什么？我们为什么要演奏这种音乐？我们为什么要倾听它？
从其他行业来看，我们为什么要建造这座桥？为什么要为这
名患者做手术？为什么非打这场仗不可？

"为什么"这个问题超越了"什么"，比如"我们在做什么"，这通常是以组织本身的存在意义作为答案的（我们是一个管弦乐团、一支军队、一家银行，所以我们演奏音乐、战争、赚尽可能多的钱）。因此，这个问题的答案几乎从未遭到置疑。"为什么"也同时超越了"如何"，"如何"这个问题通常只在职业经理人、战略规划师、音乐家、土木工程师、医学博士和将军等专精职业之中存在。当然，在"众包"时代，一些信息以新的方式收集起来，不过当今还是以自荐的专家为主的。

询问"为什么"与专业知识无关，是关于人类经验的整体性，是关于意图和价值，以及思想和情感的。其实，每个人都是专家，所以对话内容包罗万象。

不过，任何对话都必然暴露出不同观点之间的差距，而"为什么""如何"的对话通常会缩小并消除差距，让组织能够有效地合作。最后，河面上只能建造一座桥，只有一个施工计划。相反，"为什么"的对话不需要通过唯一的"正确"答案来缩小差距，从而实现合作。不同的个人答复是一个组织的可再生资源的来源。领导力面临的一个挑战是为这种交流创造环境，以及创造承载这种交流的平台，并且促进众多乐手顺利地合作。从指挥家身上我们得到了一个领导力的重要隐喻：乐手们需要探索和利用差距，就像一座能俯瞰峡谷的临时桥梁一样。

不过，确立意义并不是它的终点，而是一个起点，在某种"逆向工程"中，伯恩斯坦的方法是确立过程并验证内容。他声称，一旦乐手们找到可以共享的意义，他们就能相对容易地自我组织他们的过程，几乎不需要他的帮助。

自我实现，会独奏才能合奏

伯恩斯坦坚持让每一个乐手都拥有自己的声音，这是他的核心思想，这既是一个科学的问题，也是组织的需要。他的做法让人想起美国心理学家亚伯拉罕·马斯洛（Abraham Maslow）在需求层次理论中所定义的最高层级，即"自我实现"（self-actualization）。这个理论的模型映射出个人的需求，被称为"马斯洛金字塔"。它的基本主张是：只有在充分满足了食物和住所等基本需求的情况下，才能满足被爱或被认同等更高层级的需求。"自我实现"原本是马斯洛模型中的最高层级，代表个人可以追求的最高成就。

马斯洛遭受的道德批评，包括"自我实现"的个体之间缺乏内在的联系——每一个获得完全满足的个体都生活在虚幻中。马斯洛本人也觉得这样似乎不太正确，他在后来的几年里以一个新的层次登上了金字塔的顶端，他称之为"自我超越"（self-transcendence），它意味着能够连接到一个比自我更高、更广泛的目标的能力。这就是马斯洛模型的精妙之处：**只有当一个人保持"自我实现"时，才能达到"自我超越"。**因此，作为成功的个人和社会的一员，这两种角色其实相互依存。

伯恩斯坦和马斯洛的观点一致，都驳斥了个人意见和团队成员之间的错误二分法。要想成为伯恩斯坦乐团的成员，你必须要有自己的声音，必须摆脱束缚才能获得解放。在音乐方面：**一个人要会独奏才能合奏。**

"解放"这个词指的是个体的意志行为，个体应该为自主行为负责。解放永远是自我解放，它不能被赋予，只能被接受。无论领导者是管理者、老师还是指挥，都应该提供激励，支持意志，并为个体的解放创造机会。

就整个组织而言，整体的解放需要的不只是个别成员的解放。简而言之，它必须就组织存在的原因（即超越制度和程序的意义）达成潜在的共识。在大多数组织中，大家很少讨论意义的问题，因为它们"不实用"或"还有更紧迫的问题"。

此外，对高层管理者来说，思考资本主义的意义和银行职员无关，或者演奏瓦格纳的音乐的意义不是乐手们应该操心的事情。很多领导者让职员们安静而高效地完成自己的工作，不要把时间浪费在工作以外的事情上。这是可行的，但事实证明效果是有限的。伯恩斯坦能让乐团合作进阶的方式则恰恰相反，通过共享意义触及组织及其活动的根本。共享意义由与员工和客户的包容性对话所创造，是群体解放的必要条件，而群体解放是充分发挥组织潜能所必需的。

一般来说，"意义"是一个关键的激励因素。我很喜欢下面这个故事：大约一千年以前，一位陌生人在意大利的广场走向两位石雕师，他问其中一人："你在做什么？"石雕师迷惑不解地说："很显然，我在雕刻这块石头。"而对于同样的问题，第二位石雕师自豪地回答说："我在建造一座大教堂。"这个故事之所以让人颇有感触，是因为第二位石雕师虽然工作视野有限，和极其复杂的整体项目存在着难以估量的差距，但他被强烈的信念而不是理性所驱使。另一方面，伯恩斯坦的对话，旨在通过理性和理解与对方达成伙伴关系，这是一种达成共同信念的方式。

真诚和尊重，平等对话的基础

伯恩斯坦与不同的管弦乐团以不同的形式展开对话——乐团的特质不同，就采取不同的对话形式。每一次对话都在解决伯恩斯坦所发现的一个不同的差距，旨在最大程度地从各个层面的利益相关者那里获得贡献。其中有个很常见的共同点：他们都是在伯恩斯坦的基调倾听中进行的。

回忆一下 1966 年伯恩斯坦在维也纳爱乐乐团的首次演出吧。那是他第一次以指挥家的身份访问维也纳，虽然只是为了一场客座演出，但他也即将接管这支全球最自负的管弦乐团。全世界唯有这支乐团只录取跟着乐团成员学习多年的候选乐手。因为只有这样他们才能"继承"维也纳人的基因。

伯恩斯坦作为指挥和作曲家已经获得许多肯定，但在当时他还很年轻，是美籍犹太血统的双性恋者，出于诸多原因，他在当时的处境比较艰难。除此之外，那次表演的是莫扎特的作品，那可是维也纳爱乐乐团乐手的看家表演作品。而格什温（Gershwin）等美国作曲家的作品肯定才会更好地帮助伯恩斯坦确立权威。伯恩斯坦意识到他们之间存在差距，也可以预见，无论他的知识多么广博，在其他地方多有成就，都会在即将到来的排练过程中遇到阻力。

所以，他准备以他最擅长的方式应对：重塑差距。他从重塑自己做起，让自己对维也纳的一切事物着迷，努力练习德语，同时加上一点维也纳口音和特色。举例来说，他用"Servus!"来代替"Hello"，这是德国南部和奥地利比较常用的问候语。他背下了大部分要说的话，虽然难免会漏掉一两个词，但还是突显了他的努力和积极性。

伯恩斯坦把一贯时髦的行头留在家里，穿了一件奥地利剪裁的夹克，这种夹克有点像奥地利的民族服装。第一次排练时，他在拥抱完首席小提琴手之后，用事先背下来的德语谦虚地告诉乐手，自己是如此荣幸能站在这里，期待向他们学习莫扎特的音乐。他说："我认为自己对莫扎特已经足够熟悉，但实际上你们比我更熟悉。"伯恩斯坦还请乐手们就维也纳精神和传统给予建议。当他的自我介绍结束后，他已经完全展现出对乐手的尊重，显然，乐手也没有理由抗拒他，因为他坦诚了自己的各种劣势和不足。换句话说，他用赋权使对方解除了"武装"。现在每个人的脸上都挂着包容的微笑，他准备开始了。

然而，在第一乐章演奏了仅仅几秒钟后，他就要求乐手"轻一点，再轻一点"。维也纳爱乐乐团引以为傲的高雅的轻音举世闻名，但是伯恩斯坦挑剔的正是这一点。他到底想怎么样？他刚刚把乐手们捧上天，现在又清晰地表明自己才是正统的诠释，挑剔他们的演奏水准。当我第一次看到这段视频的时候，也为他的突然改口感到困惑，这算是一个计划好的骗局吗？他是意图让"对手"失去平衡，进而掌握权威吗？如果真是这样，那么他获得的权威是短暂的，而失去的人心是长久的。

不过，我对伯恩斯坦的了解使我有了不一样的解读。我认为，他对乐团和乐团文化非常尊重，但他对演奏水准的失望也是真诚的，他的表达方式完全符合他的伙伴关系和对话理念，他的目的是要求乐手成为与他地位平等的伙伴。他不允许他们讨价还价，这样合作才能开创新的局面，取得新的成就。不过，他的行事方式让乐手在尚未意识到之前，就已经按照他的方式去做了。他倾听他们需要获得肯定的需求：肯定维也纳爱乐乐团是全世界演奏莫扎特作品最好的乐团。这样一来，伯恩斯坦就是一位关键的倾听者。如果他带着自上而下的方式走进排练厅，不以对维也纳爱乐乐团的伟大传统的肯定为前提，就带入自己对音乐的诠释，他的指挥绝对不会成功。即使他勇敢地学习当地方言，穿得像维也纳人一样也是徒劳。如果他不是出于真诚，只是讲几句表面的客套话，乐手就会识破他的骗局。在我看来，他真诚的努力赢得了乐手的尊敬，即使他立刻要求乐手提高演奏水平，也不会有人反抗。他打扮得像维也纳人一样算是违背自己的心意吗？我想他仍然是忠于自己的，就像扮演哈姆雷特和伊阿古的伟大演员一样。**真诚不一定代表枯燥乏味，无论你有什么习惯，你都可以甚至应该重塑自己，每一次都是全新体验：做自己，因为"刻意无知"而重生。**

如果想和下属培养真正的伙伴关系并从中受益，领导者必须以尊重作为平等对话的基础，这并不与保持强烈的权威意识相抵触。成功结合两者的关键是倾听伙伴的需求和渴望，然后反映出他们作为个人和团体的所有积极的品质，这些品质对彼此的努力成果最有帮助。同时，也确保了你在赞美他们，而不是恭维他们。如果员工相信你的赞美，他们也会接受你的批评。

1993 年，在特拉维夫交响乐团刚刚成立时，我被任命为乐团音乐总监。正如你将看到的，即使我接触过伯恩斯坦这位大师，景仰他的领导思想，但是我仍有很多需要学习的地方，因为我还没有对自己提出足够的要求。

特拉维夫交响乐团的总部设在奥尔舍姆大厅，它位于一个古老的街区，是波西米亚人和知识分子的栖息地——特拉维夫版本的"格林威治村"（纽约曼哈顿的格林威治村就是以居住着许多艺术家而闻名的）。

在 20 世纪，指挥过巴勒斯坦爱乐乐团（也是以色列爱乐乐团的前身）的指挥家大多在这里生活过，能够在这栋古老的建筑里工作是我莫大的荣幸。

特拉维夫交响乐团并不是以色列的顶级管弦乐团，也不是为了与以色列爱乐乐团一争高下而成立的。以色列爱乐乐团掌握的资源更多，酬劳也更加吸引优秀的乐手。不过我们确实野心勃勃，在音乐厅之外，我们还经常在贫民区举办户外音乐会，吸引年轻人来倾听原本没有机会听到的声音。

　　特拉维夫交响乐团的成员大多是年轻的以色列乐手，还有相当一部分是苏联移民，移民潮为以色列带来了大量音乐人才。当时流传着一个小笑话来形容这些远道而来的音乐家：当苏联移民走下飞机时，要怎么知道哪些人是钢琴家呢？答案是，不带小提琴盒的就是。

　　不过，虽然音乐是世界共通的语言，但俄语不是。于是我用母语希伯来语，混合一些意大利语、英语和一些德语单词，尽我最大的努力在指挥台上和他们沟通。从排练开始就出现了很明显的沟通障碍，而且这与字句的理解无关。我们当时练习的是门德尔松（Mendelssohn）作品的序曲，不知什么原因，我们越练越糟糕。我停下来对乐手说："不太对劲，我不确定是怎么回事，你们觉得节奏、乐句或是其他什么地方出了问题吗？有什么我可以帮忙的吗？"音乐厅里一片死寂，经过一段长时间的沉默之后，有一位比较年长的乐手站了起来，他大概有 70 岁，穿着俄罗斯剪裁平整的聚酯纤维西装，以坚定的手势弥补不流利的希伯来语，说道："在我们的家乡，"他的右手拇指往背后的东方指了指，"指挥家不必问我们该怎么做，他知道该怎么做。"说完就坐下了。

　　这位乐手无意讽刺我，他真心且深深地感到自己受辱了，因为他在一个没有领导能力的家伙手下工作，他并不知道自己应该懂得更多。我以为分享自己的想法或表达疑惑，再加上信任，就是尊重乐手并能对他们有所帮助，但是我忽略了深层的文化差距，以为一个善良的微笑或一个要求同理心的请求，就能克服 70 年的苏联式的思维熏陶。我根本没有倾听乐手的渴望，所以他们一旦说出自己的意见我就慌了。

与老师伯恩斯坦不同的是，我并没有预料到会出现这个问题，也没有像他一样做好准备。伯恩斯坦不是等到站在指挥台上才开始思考该怎么做，而是早已彻底推演好自己在维也纳会面对什么样的困境，我应该以他为榜样。我当然知道乐团里有许多音乐家不仅不会说我的语言，而且也不了解以色列的文化，我以为我在指挥台上可以做任何必要的事情，以为自己足够聪明且受过足够多的训练，能够让乐手接受我的价值观。我从伯恩斯坦身上学到：乐手不仅有发言权，而且绝对有权把他们的人生体验带到表演中。但是我没有料到他们会有上面提到的人生经验，所以在他们看来，我是傲慢的。

如果我讲述的故事情景能让乐手产生共鸣，对于他们对权威的需求及时表达同理心和理解，就能够利用这个差距来改变乐团的文化。比如，我可以和他们分享自己当兵时在独裁统治下的经历，或者作战的情况是如何改变我对权威的想法的，也就是如果掌权者因为某些原因消失了，比如战争情况复杂，没有人知道指挥官在哪里，军队必须要知道下一步该怎么做，该如何独立思考才能做出新的决策。此外，指挥家、军官或任何领导者都可能会走错方向，这并不丢脸。另一种选择更糟糕，那就是掩饰自己不可避免的错误，并把责任推到下属身上。我可以说："你们在等待权威人士下命令，可你相信权威永远是正确的吗？"如果不这样做，如果权威愿意倾听人们的意见，那不是更好吗？这样或许就能展开话题了。不过这么做必须承担风险，接受他们对我的批评——不只是针对某段乐章的节奏，而是我的领导能力，这需要勇气。乐手的回应可能会挑起冲突，但这却不见得是件坏事，我追求的并非小提琴声音的播放器或小提琴技术人员演奏的声音，而是艺术家演奏小提琴的声音，以及所有乐手演奏他们的乐器的声音，他们把完整的人生体验和智慧带进演奏中，并且相信自己可以做出改变。

现实情况告诉我，让乐手参与有建设性的对话永远无法真正成功，每个组织都有抗议者和反对的声音。音乐是以自我为中心的事业，天赋也通常会让自我意识膨胀，让有些人更愿意表达反对的意见，有时也会让指挥怀疑自己是否能克服这一切。我发现唯一有效的方法是把重心放在积极的贡献者身上，试图压倒消极的能量。但吸引精疲力竭和愤世嫉俗的乐手参与对话并不容易，需要持续倾听、毫不懈怠的创新和满足团队中相互矛盾的需求和动机。

重构差距，让危机变机遇

伯恩斯坦每次展开对话的方式都是独一无二的，同样的领导方式可以引导出截然不同的对话。比如，一支国际青年管弦乐团为了一个夏季音乐节而聚集了几个星期，这是一支与维也纳爱乐乐团迥然相异的乐团，乐手的需求自然也与之不同。

有一次，伯恩斯坦和德国石荷州音乐节管弦乐团排练柏辽兹（Berlioz）的作品《罗密欧与朱丽叶》（*Romeo et Juliette*）。这支乐团成员的年纪都在 16~24 岁之间，他们非常渴望得到这位指挥大师的指点。伯恩斯坦也尽心尽责地训练他们的表现力，确保他们能在复杂的独奏和分部演奏时有专业乐手一般的表现，但是在演奏开始的时候，他并没有告诉他们该怎么做，反而选择刻意无知。

他说："罗密欧与朱丽叶都是 16 岁，如果这乐团还演奏不出那种感觉，我不知道哪支乐团能够做到了。肯定不会是汉堡爱乐乐团或波士顿交响乐团。"听到这话乐手们都笑了。他的意思是说：孩子们，尽情发挥吧！以自己的身份来演奏，你们不是一群生涩得发抖的乐手，而是罗密欧与朱丽叶充满青春活力的化身。这些乐手只要做自己，就能感受到少年时代那些夸张和被放大的兴奋感，捕捉到心上人的一个暧昧眼神就是一天中最有意义的事情。在这方面，乐团里的每个孩子都比老前辈更有切身感受。伯恩斯坦用这种方式让乐手摆脱束缚，让他们展现自己的优势。这些孩子了解年轻人全心投入时的迷恋，从而能够以自己的声音表演，超越指挥所能给出的指示。伯恩斯坦给予乐手创造意义的平台，但是乐手必须自己创造出意义。没错，音符很重要，每个重音、节奏、时机都很重要，但是如果缺少了意义，这些都将不复存在。管弦乐团必须有能够引起共鸣的意义，才能传达给场下的观众。

平时我们走进商店里和店员说话，或去餐厅跟服务员说话时，都能感觉出他们是敷衍还是真正地为客户服务。真正为客户服务的店员或服务员不会让你买错商品或因为没看懂菜单而点太多食物。可是店员、服务员和乐手不会只因为接到命令就能做到真正投入，他们必须沉浸于伯恩斯坦和其他领袖所展现的"全人模式"的领导方式中。在商业领域，亲密关系会有更狭隘的界限，"全人模式"不应该强加在只想赶快买瓶牛奶回家的人身上，可是如果提供了这种方式又妥善地加以反馈，就能让人际关系和企业关系提升到另一个水平。

领导者应该如何利用这种领导风格呢？伯恩斯坦带领一支年轻的国际管弦乐团巡回演出，在为斯特拉文斯基的《春之祭》（*The Rite of Spring*）排练时做了完美的示范。这首芭蕾舞曲虽然已有上百年历史，却极具现代感，对任何专业乐团来说都相当具有挑战性。

伯恩斯坦在排练进行到一半时挥手让这群年轻乐手停下来，接着说："我觉得你们都太有礼貌了，教养太好了。"显然，他是以最温和的方式为自己的批评开场，乐手们都露出了笑容，接受改变，而不是以自我防御的态度面对批评。"这首曲子是野兽风格的，"他又说道，"你们却演奏得如此高雅温柔。"伯恩斯坦指出乐手和作品之间的差距：要如何高雅地野蛮，或者野蛮地高雅。当乐手需要他的鼓励来变得更狂野时，他示范："嗯……啊！原始、未开化，随便你怎么形容。"伯恩斯坦觉得这样的解释还是太抽象，他寻找着让内容更明确的比喻。他觉得因为没有预先准备好比喻，因此有必要进行对话。"这首曲子是俄罗斯……或者说是动物世界的史前回忆，是犀牛、水牛，还有我们有时候在春天会萌生的那种……想在泥土中打滚的冲动。"

请注意比喻的变化：从遥远的历史到动物世界，从你可以通过观察而拥有的体验，到每个人都曾有过的亲密感受。这位年过七旬的大师找到了和年轻乐手视线等高的对话平台。

"这群舞蹈的表演者是年轻人，你们很清楚会是什么样的情景。"他再次将乐手们的年纪化为一种优势，而不是视作经验不足的象征。他打开乐手和他的差距，他并不会假设自己知道他们会怎么做。"你靠着树干躺下来，只想拥抱它，嗯，这个强拍就是这种感觉！"乐手看着伯恩斯坦，他们相信他，相信他口中所描绘的现实，不仅如此，乐手也相信自己能做到如画面所描绘的那样。伯恩斯坦的真诚和开放转化为乐手们的动力，从而使乐手能更勇敢地实现信仰的飞跃，进入这个心灵场所演奏音乐。"我们聊太多了。"如此一来，他对意义的追寻和全然相信意义的过程，都会在音乐中展露无遗了。

这种情况发生在年轻的管弦乐团并非巧合，在专业乐团里这样做的难度更高。专业乐手都有固定的工作习惯，肩负经济重担，他们更难突破自己，而一旦实现了突破，则更能得到音乐家和观众的欣赏。

伯恩斯坦通过重新构建差距，让原本可能会发生的尴尬转变成所有参与者的收获。他曾经历过一次这样神奇的转变时刻，展示了他对无知、差距和倾听这三种能力的掌握。

1962 年 4 月，在伯恩斯坦担任纽约爱乐乐团的音乐总监时，他邀请钢琴家格兰·古尔德（Glenn Gould）演奏勃拉姆斯的《D 小调协奏曲》。古尔德是加拿大人，因为对乐曲的革命性诠释而声名大噪，他演奏的曲目大部分都是巴赫的作品。不过勃拉姆斯的作品也逃不过古尔德的革命性演绎。古尔德是个很有想法的演奏者，秉承高标准的个人水准和专业的伦理原则，他曾经在《古尔德文集》（The Glenn Gould Reader）中写道："艺术的目的不是短暂的释放肾上腺素，而是逐渐地建立和维持一生的惊喜和平静。"但当天晚上他没有"平静",却充满了"惊喜",因为如果想要成功地演奏协奏曲,就意味着指挥和独奏者必须对乐曲的诠释达成共识,然而古尔德和伯恩斯坦并没有达成这样的共识。

那天晚上表演的下半场就是协奏曲。灯光变暗,伯恩斯坦在观众的掌声中走到台前。此时通常指挥和独奏者会一起走出来,但古尔德却不见踪影,事情显然不太对劲。当掌声退去后,伯恩斯坦以我能想到的最有天赋的方式施展了自己的才华,以弥补差距,他让自己享受无知和解释的乐趣,将所有观众变成了基调倾听者,当晚的表演成为观众千载难逢的体验。下面就是演说的完整文字稿:

> "别紧张,"他说,"古尔德先生就在现场,他马上就会出现。你们也知道,我没有在音乐会上讲话的习惯……不过这次情况特殊,我认为说一两句话是必要的。请让我们如此形容,你们将要听到的是勃拉姆斯的《D小调协奏曲》的非正统演奏,这与我们以往听到的或是想象的都不一样。它缓慢的节奏和背离乐谱的强弱法与以往的风格截然不同。我不能说完全赞同古尔德先生的理念。那么,一个很有趣的问题来了:我要指挥什么呢?我来指挥,是

因为古尔德先生是如此优秀和严肃的艺术家，我必须认真对待他的任何善意的想法。他的想法非常有趣，我想你们也应该听听。不过，古老的问题仍然存在。演奏协奏曲时由谁主导呢？是独奏者还是指挥？当然，答案是有时是独奏者，有时是指挥，这取决于参与其中的人，但几乎总是两个人通过说服、诱惑，甚至威胁的方式聚在一起，实现统一的表演。在我的一生中，我只有一次不得不服从独奏者全新的、不相容的理念，就是上一次陪古尔德先生演奏的时候（观众大笑）。但是这一次，我们观点上的差异已经大到我觉得自己必须做出这个小小的免责声明。所以再重复一次刚才的那个问题，我为什么要指挥呢？我为什么不制造个小风波，找个独奏钢琴家代替，或者直接让助手来指挥呢？因为我很着迷，很高兴有机会重新审视这部备受瞩目的作品。更重要的是，在古尔德先生的演奏中，总会出现令人惊喜的新鲜感和坚定的信念。而且我们都能够从这位非凡的艺术家和钢琴家身上学到一些东西，他是一位善于思考的表演者。最后，因为音乐具有指挥家迪米特里斯·米特罗普洛斯（Dimitris Mitropoulos）

所说的由好奇心、冒险和实验等元素组成的"游戏元素"，我可以向各位保证，我们这个星期经历了一场冒险，我和古尔德先生合作创作了这首勃拉姆斯钢琴协奏曲，我们也秉承这种冒险精神，将表演呈现给大家。

大家想像一下，如果那天晚上伯恩斯坦没有任何解释就开始音乐会，观众席里一定会有人不明所以。"喔，一支伟大的管弦乐团，一位伟大的独奏钢琴家，一位伟大的指挥家，一个不寻常的夜晚，他们不过都是平庸之辈。"伯恩斯坦的做法反而让观众扮演了重要的角色，尽管他和独奏钢琴家的想法无法达到统一，但是他将失败的连贯尝试重新定义成一个大型的音乐实验，吸引知情的观众一起投入实验中，使其有一种荣耀的冒险感。尽管无法保证结果，但是能够亲耳倾听古尔德的现场表现，也算是创造了音乐史的一部分，因为这与在其他 8 417 场音乐会欣赏到的伟大交响乐团和知名独奏家演奏勃拉姆斯的曲目大不相同。所以，你知道成为无知的听众是你的选择，然后问自己：我要如何看待这次经历？新的体验会如何刷新我过去听勃拉姆斯作品的经验？

社会运动家奥德·洛德（Audre Lorde）曾在《我们身后的死者》（*Our Dead Behind Us*）一书中写到："我们分开不是

因为差异，而是因为我们无法辨认、接受和赞颂这些差异。"
我们可以从伯恩斯坦多元化的对话范围中了解其中隐含的核心
信息，他总是在不同情况下寻找正确的解决方式。换句话说，
没有公式可以套用，每次情况都是特殊的，需要有不同的解答。

  如何在释放权利的同时保持影响力？如何把危
机变成机会？如何找出并利用差距来为组织创造新
的力量？该在什么时候选择无知，才能展开前所未
有的机遇？对话的最后如何脱身？如何在抛弃自己
的想法时又不会让人质疑自己的能力？如何让其他
人倾听？如何放手却依然把握控制权？

  伯恩斯坦的传奇是由这些问题和他给出的答案组成的。
倾听很关键，每次新的相遇都会有新的收获，每一个差距都
能创造新的对话，形成新的理解。不要害怕付出全部的自我，
要完全地接受他人；也不要害怕相信他人，就像要让别人相
信你一样。

  不过请注意，我希望你现在已经明白，对于这些伟大领
导者的风格不能照单全收，只能象征性地模仿，你必须接受
和打造自己的领导模式，挖掘真实的自己，假惺惺不是个好
主意：这世上没有二手的真实性存在。

在枫丹白露的课程结束后，伯恩斯坦选择我们三个学生在音乐会中和他一起演出，而且是在巴黎。当我终于能和巴黎管弦乐团一起排练普罗科菲耶夫的《古典交响曲》(Classical Symphony)时，我却紧张到根本无法专注，因此搞砸了排练。第二天我们又聚在一起排练了一次，这一次好多了。我走到伯恩斯坦面前，对他说："大师，你看，都在这里了。"我用手指了指自己的头。他指着自己的心脏和肚子说："你开玩笑的吧？"我知道他想告诉我的是——宽容、勇气和爱。当你爱一样东西，并愿意把爱分享出来时，爱就会涌泉相报。

The Ignorant
Maestro
本章小结

1. 意义是动机的关键，构建意义并不是最终的目的，而是一个起点。意义型领导者坚持让下属拥有自己的声音，因为会独奏才会合奏。

2. 意义型领导者召唤全人模式加入工作中，这种全新的领导方式定义了主要的沟通模式，包括情绪、品位、好恶，甚至道德层面等包罗万象的对话。

3. 对意义型领导者来说，真诚不一定代表枯燥乏味，每一次都重塑自己，每一次都是全新体验：做自己，因为"刻意无知"而重生。

4. 意义型领导者通过重新构建差距，让原本可能会发生的尴尬转变成所有参与者的收获。

5. 对意义型领导者来说，倾听很关键，每次新的相遇都会有新的解决办法出现，每个差距都能开始新的对话，形成新的领悟。

———

THE CONDUCTOR NOT ONLY MAKES THE ORCHESTRA PLAY...HE MAKES THEM WANT TO PLAY...IT'S NOT SO MUCH IMPOSING HIS WILL ON THEM LIKE A DICTATOR.

指挥的作用不仅是让乐团演奏，还要让乐手想要演奏，而不是像独裁者一样把自己的意志强加给他们。

打造属于自己的独一无二的领导力风格

当我们听着美妙的音乐，比如贝多芬的交响曲，或者阿特·布莱基（Art Blakey）的《爵士信差》（*The Jazz Messengers*），在最后一个和弦逐渐褪去的时候，如果你问我："接下来要做什么？"那么，或许我也不知道该怎样回答你。

你看，音乐并不会让你采取具体行动，它不会让你放火烧掉市政厅，也不会让你辞掉工作。相反，它会在你的脑海中产生共鸣，让你的手指不断地敲打着节拍。旋律一直萦绕在脑海里，一遍又一遍地弹奏着。这种共鸣确实会以微妙而深刻的方式改变你。它可能也会改变坐在你身边的人，还有可能以不同的方式改变每一个人。

人们会记得不同的旋律和节拍，这可能仅仅是因为在不同场景下听到这些音乐，受不同的人生经历、个人品位和想法的影响。每个人在听音乐时都不需要做任何改变，除非听的是非常肤浅又意图操控的音乐，使人成为音符的奴隶，就像某些广告中的宣传语一样，目的是让所有人购买同样的商品。

这就是我为什么希望这本书能在你的脑海中产生共鸣，以及为什么它不包括"下一步要做什么"的阐释的原因。与其把这个现实看作某个缺点，不如将其当作一个契机，由此塑造一种不同于其他读者的独一无二的领导风格。无论是在你的素养和愿景上，还是在你是谁和你希望如何改变上，都是独一无二的，所以你不应遵循任何公式。

尽管如此，我仍然可以为你提供一些建议，帮你从本书的内容中找到一些启发或改变自我的方法，从而改变你的职业现状或职业规划。

那么，在通往成为最好的领导者的路上，你可以听到什么呢？

首先，倾听内心和外部的变化。现在已经可以听到更多了，因为人们一直在变化，组织也无时无刻不在变化。不变只是一种错觉。我们无法避免改变，无论我们对此有何感受。

所以，如果你倾听自己的变化，倾听周围人的变化，你就是在以过程的形式倾听他人。请记住，你周围的固定物体越少，过程越多，你就有越多的可能性。你的思考和沟通方式将转向未来。这会让你更接近基调倾听者，就像克莱伯一样。你不仅仅是在倾听改变，你还能够影响它的流动方式，换句话说，你能塑造自己改变的方式。

你肯定已经发现，这六位指挥大师中的一位或几位的指挥风格与你自己的领导风格相符，甚至你觉得与这六位都有相似之处。你必须能够识别它们。我认为，在多面镜子中看到自己的影子是一件很好的事情，尽管你无法立刻回答"我是谁"。事实上，对于任何一位考虑个人要改变的人，我能给的最好的建议是：从扩展和包容的角度思考，不要从消除或放弃一部分自己的角度出发。我相信这种包容的方式，对一个人自我形象的完整性的威胁最小，因此有助于实现持续性的改变。换句话说，不要试图停止自己的领导模式——相反，寻求拓展自己的领导视野，包括最灵活、最多样化的领导力解决方案。我想这个方法可以帮助你更接近伯恩斯坦和克莱伯，他们的确都很擅长领导，而且各有所长。当然，其他指挥家也很优秀，只是他们的领导视角有点狭隘。如果你有任何部分和他们相似，不要放弃你的部分，就像他们中的任何一个一样（这可能恰恰是你至今为止尚算成功的原因！）。记住：当你是伯恩斯坦式领导风格的时候，偶尔变换为穆蒂式是可以的。遗憾的是，如果你始终坚持穆蒂式风格，就不能偶尔变成伯恩斯坦式了。

我们谈了这么多有关改变领导者心态的建议，但在现实世界中，在需要领导他人或被他人领导时，改变将如何显现出来呢？我相信，现实世界的变化已经被你倾听的方式所影响，这是非常值得了解的，因为基调倾听创造了倾听的空间，并最终创造了更多听众。这样的影响力在各个层级都有效：你不需要成为某人的经理来让他们倾听。我们所说的是一个三维空间的改变，在这个空间里你影响了周围的人——那些为你工作的人、你的同事、你的老板，以及其他人。

你，以及你帮助创造的听众，并不是在听指令。你听到的是差距。与差距友好相处，这样你就可以利用它们。请记住：差距是新思维的可再生助推剂，它有助于变革。围绕你的组织的主导价值观和理念去探索差距，是一种很好的可持续能源。我所说的"你的组织"，不仅是指你的工作地点，也包括你的家庭和国家。从亲密关系到整个社会，这种方法是完全可以扩展的。

一个人要如何探索差距呢？选择"刻意无知"，站在独特的无知视角上去倾听。请记住：无知本身就能让你从他人身上听到新的东西，但基调倾听是你帮助人们深入了解自己和创造新思想的工具。

所以，请把无知、差距和基调倾听当作你的秘密武器，你可以用它们来进入你想要的思想状态，就像你进入了一个安静明亮的空间，迎接新思想的到来。

想象你的脑海中有一间美丽的画廊。在这间精神画廊的墙壁上，挂着六位指挥大师的画像，吸引着你前来观赏——不是作为行色匆匆的访客，而是作为一个拥有者：这些画像现在是你的了。看着这些画像，你想起曾经走过的路和你想要去的地方。当你想要领会自己的现实时，可以把它们作为参考。它们挂在那里不是用来欣赏的，而是被使用的。使用这些偶像，就像你使用这本书一样：不仅仅是看，而是看透。你以这种方式学习到的一切都将永远属于你，把它分享和奉献给其他人，让他们去观察和发现自己的新世界。你可能永远不知道这些新世界是由什么组成的，但你仍然应该意识到，它们的存在归功于你的领导。我希望，这会使你成为一个非常自豪的无知的大师。

未来，属于终身学习者

我这辈子遇到的聪明人（来自各行各业的聪明人）没有不每天阅读的——没有，一个都没有。巴菲特读书之多，我读书之多，可能会让你感到吃惊。孩子们都笑话我。他们觉得我是一本长了两条腿的书。

——查理·芒格

互联网改变了信息连接的方式；指数型技术在迅速颠覆着现有的商业世界；人工智能已经开始抢占人类的工作岗位……

未来，到底需要什么样的人才？

改变命运唯一的策略是你要变成终身学习者。未来世界将不再需要单一的技能型人才，而是需要具备完善的知识结构、极强逻辑思考力和高感知力的复合型人才。优秀的人往往通过阅读建立足够强大的抽象思维能力，获得异于众人的思考和整合能力。未来，将属于终身学习者！而阅读必定和终身学习形影不离。

很多人读书，追求的是干货，寻求的是立刻行之有效的解决方案。其实这是一种留在舒适区的阅读方法。在这个充满不确定性的年代，答案不会简单地出现在书里，因为生活根本就没有标准确切的答案，你也不能期望过去的经验能解决未来的问题。

湛庐阅读APP：与最聪明的人共同进化

有人常常把成本支出的焦点放在书价上，把读完一本书当作阅读的终结。其实不然。

时间是读者付出的最大阅读成本
怎么读是读者面临的最大阅读障碍
"读书破万卷"不仅仅在"万"，更重要的是在"破"！

现在，我们构建了全新的"湛庐阅读"APP。它将成为你"破万卷"的新居所。在这里：

- 不用考虑读什么，你可以便捷找到纸书、有声书和各种声音产品；
- 你可以学会怎么读，你将发现集泛读、通读、精读于一体的阅读解决方案；
- 你会与作者、译者、专家、推荐人和阅读教练相遇，他们是优质思想的发源地；
- 你会与优秀的读者和终身学习者为伍，他们对阅读和学习有着持久的热情和源源不绝的内驱力。

从单一到复合，从知道到精通，从理解到创造，湛庐希望建立一个"与最聪明的人共同进化"的社区，成为人类先进思想交汇的聚集地，与你共同迎接未来。

与此同时，我们希望能够重新定义你的学习场景，让你随时随地收获有内容、有价值的思想，通过阅读实现终身学习。这是我们的使命和价值。

湛庐CHEERS

湛庐阅读APP玩转指南

湛庐阅读APP结构图：

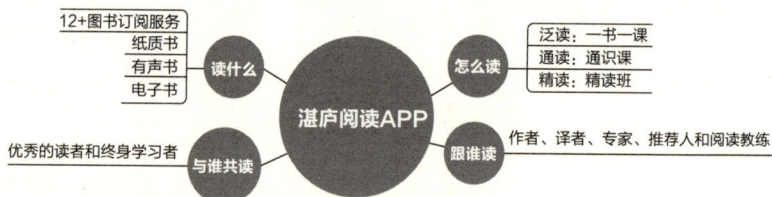

- 12+图书订阅服务
- 纸质书
- 有声书
- 电子书

读什么

怎么读
- 泛读：一书一课
- 通读：通识课
- 精读：精读班

湛庐阅读APP

优秀的读者和终身学习者 — **与谁共读**

跟谁读 — 作者、译者、专家、推荐人和阅读教练

三步玩转湛庐阅读APP：

读一读▼
湛庐纸书一站买，
全年好书打包订

书城

听一听▼
泛读、通读、精读，
选取适合你的阅读方式

一书一课
精读班
通识课

扫一扫▼
买书、听书、讲书、
拆书服务，一键获取

扫一扫

APP获取方式：
安卓用户前往各大应用市场、苹果用户前往APP Store
直接下载"湛庐阅读"APP，与最聪明的人共同进化！

使用APP扫一扫功能，
遇见书里书外更大的世界！

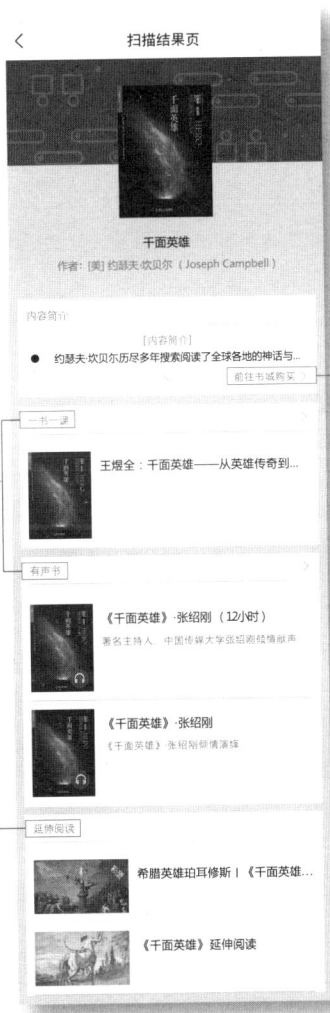

快速了解本书内容，
湛庐千册图书一键购买！

大咖优质课、
献声朗读全本一键了解，
为你读书、讲书、拆书！

你想知道的彩蛋
和本书更多知识、资讯，
尽在延伸阅读！

延伸阅读

沃伦·本尼斯经典四部曲

◎ 沃伦·本尼斯被称为领导力之父，被誉为"领导学大师们的院长"，以关于领导艺术的著作而闻名。经典四部曲分别为：《领导者》《成为领导者》《七个天才团队的故事》《经营梦想》，对我们了解近代西方领导力思想、认识现代组织的领导力真谛、迎接当下和未来的领导力挑战具有重要的意义。

使用"湛庐阅读"APP，"扫一扫"获取本书更多精彩内容
ISBN 978-7-213-07718-0

《瞬时竞争力》

◎ 可持续竞争优势的时代已经远去，充满瞬时竞争的快经济时代已然到来。企业要想在多变的环境中制胜，就必须具备瞬时竞争力。全球50大商业思想家排行榜（Thinkers50）战略奖获得者丽塔·麦克格兰斯，针对当今瞬时优势的战略现实，提出了应对破坏与动荡的环境，并产生高绩效的6大制胜战略，助力企业在瞬变的环境中迅速抓住机遇，实现优势转换。

使用"湛庐阅读"APP，"扫一扫"获取本书更多精彩内容
ISBN 978-7-220-10714-6

《企业的人性面》（经典版）

◎ 道格拉斯·麦格雷戈久负盛名之作。书中提出两种对立的人性假设，即著名的"X理论""Y理论"。叩问管理领域的终极问题：人到底是创造价值的机器，还是可以根据需要削减的成本？借助本书，作者强化了研究人性假设的重要性，告诫实践者成功管理的因素虽然有很多，但首要能力莫过于拥有前瞻性和控制人性的行为。

使用"湛庐阅读"APP，"扫一扫"获取本书更多精彩内容
ISBN 978-7-213-08387-7

《企业文化生存与变革指南》

◎ 埃德加·沙因被称为企业文化理论之父，他是组织心理学的开创者和奠基人。本书是他的经典著作，也是继《组织文化与领导力》之后的又一力作。管理者可以从书中找到解决企业生存与发展等关键问题的启示；渴望成长的员工通过理解企业文化，可以从书中找到提升职业素养、促进职业生涯发展的契机。

使用"湛庐阅读"APP，"扫一扫"获取本书更多精彩内容
ISBN 978-7-213-07750-0

图书在版编目（CIP）数据

指挥大师的领导课/（以）伊泰·塔尔格玛（Itay Talgam）著；阙艺译．—杭州：浙江教育出版社，2018.11

ISBN 978-7-5536-7939-6

Ⅰ.①指… Ⅱ.①伊… ②阙… Ⅲ.①领导学—通俗读物 Ⅳ.① C933-49

中国版本图书馆 CIP 数据核字（2018）第 225417 号

浙 江 省 版 权 局
著作权合同登记号
图　字：11-2018-347

上架指导：商业管理 / 领导力

指挥大师的领导课

ZHIHUI DASHI DE LINGDAO KE

［以］伊泰·塔尔格玛（Itay Talgam）　著

阙艺　译

责任编辑： 赵清刚

美术编辑： 韩　波

封面设计： ablackcover.com

责任校对： 马立改

责任印务： 时小娟

出版发行 浙江教育出版社（杭州市天目山路40号 邮编：310013）
　　　　　电话：（0571）85170300-80928　　网址：www.zjeph.com

印　　刷： 天津中印联印务有限公司

开　　本： 880mm×1230mm　1/32　　　**成品尺寸：** 147mm×210mm

印　　张： 7.875　　　　　　　　　　　**字　　数：** 124千字

版　　次： 2018年11月第1版　　　　　　**印　　次：** 2018年11月第1次印刷

书　　号： ISBN 978-7-5536-7939-6　　　**定　　价：** 69.90元

如发现印装质量问题，影响阅读，请致电010-56676359联系调换。